優渥叢書

實戰冠軍 E 大教你用

200張圖學會
K線籌碼

本益比評價法＋ E 式技術面分析，篩選獲利 100% 的成長股！

傅鈺國◎著

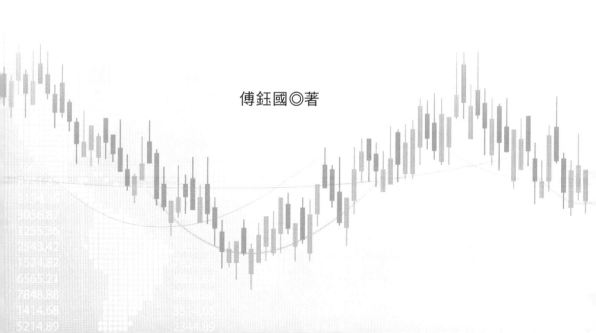

CONTENTS

進場前，你必須知道的事！

選股時，該如何找出上漲股？

第3章 買賣點，用我獨門的「E式技術分析」

第4章 挑飆股，教你不踩雷的「股價評價模式」

CONTENTS

第5章 用K線＋籌碼，
教你跟單主力完整攻略

第6章 如何賺一倍？
解密市場5大「飆漲題材股」

第7章 成長股小提醒：參考我的實戰操作大補帖

作者序
我想傳授你，
年化報酬率 20% 以上的「E 式戰法」！

傅鈺國（E 大）

　　低利率時代下，2020 年台股市場沒有最熱、只有更熱，台幣升值引爆的資金狂潮指數，突破 1990 年以來的歷史新高 12,682 點。台股總開戶數突破 1,100 萬人，超過總人口數四成以上，年輕族群逐步加入資本市場，買賣股票儼然成為全民運動。

　　此現象源於長期超低利率與資產通膨環境下，熱錢只有縮表會收回，它們流向債市、股市與房市，全球重要國家股市屢屢創新高，房價更是不遑多讓。而庶民大眾普遍遭遇貨幣購買力下降、物價上漲與薪資停滯不前。相較之下，投資比持有現金具有更強的吸引力，投資股票更是比較有效率，且可以活化資產的運用方式。

年化報酬率20%的「E式戰法」

　　對於每一位投資人來說，「績效」終究是最重要的事，股票投資有一個常見的迷思——只要很努力鑽研產業基本面、每日法人進出狀況或任何技術指標，就可以判斷股價未來的漲跌。

　　事實上，股票市場是一個風險偏好與資產配置的遊戲，因為

股票價格的變化始終來自於人性，並不存在著絕世武林秘笈。學習每一種交易方法都需要經過市場和時間驗證，**本書分享的「Ｅ式戰法」，是我親身實戰的成長股策略，它讓我賺到第一桶金並奠定年化報酬率 20% 的基礎，也內化為我的投資紀律與方法。**

剛踏入股票市場的人必定會經歷股市小白階段，投資的十六字箴言「看錯方向、不設停損、加碼攤平、凹單留倉」也是新手上路常常犯的基本錯誤。因為羊群心理作用，新手容易盲目地受市場消息面影響，一旦受到利多消息發酵，便不假思索地一哄而上，最後套在股價歷史高點洪流上，每年相關案例都層出不窮地發生。

本書能夠協助你避開短線迷思買高賣低，強調「不做一根 K 棒行情、做一個波段趨勢財」。就像車子裝上自動輔助駕駛，能夠自動化找到方向，當市場行情混沌不明時，能依據這套系統找到新方向，將目標放在前方未來最具爆發性的成長股，獲利隨著股價進入主升段，行情持續飆升。

用基本面＋技術面了解上漲的原理

雖然不能複製歷史上的成功飆股走勢，但是智慧可以傳承。股市裡最不缺小道消息的明牌，因為告訴你明牌的人，不會跟你說什麼時候該賣出，更糟糕的情況是明牌只能帶來短線激情，股價卻沒有任何中長期支撐依據。

與其天天搶進殺出，不如徹底了解股票上漲的原理，心情才不會再像鐘擺一樣，隨著每天大盤指數波動而搖擺不定，讀者

能夠藉由作者提及的交易原則，例如：E 式技術分析、成長股選股策略與本益比評價法等，**先從基本面選股濾網找到成長股的條件，進而從技術面箱型理論與籌碼成本設定進場的點位（找買點）**，最後是持有一檔股票後該如何挑選停利、停損位置（找賣點與控制獲利和損失），將基本面與技術面相互驗證，找出最有效的起漲點。

如此一來，才稱得上是一套完整且有系統架構的投資法，本書規劃的內容，最終目的是逐步引導讀者，可以在驚濤駭浪的股票市場中少走冤枉路，打造一條邁向贏家之路的捷徑。我的方法絕對不是唯一的，但是成功範例值得你效仿，不論是新手或老手，都能從中受益，進而精進為專屬自己的交易策略。

新手、老手的最佳股票工具書

本書對於初階投資人來說，可以立即擁有一套系統化且綜合性交易方法，如同站在巨人的肩膀上打造出自己的交易模式；對於資深投資人，更能培養出有邏輯的投資策略，每年持續提升長期操作績效。

那麼，最好開始的時間點就是「現在」，本書的方法、觀念與實戰內容，將成為你後萬點時代最佳的「股票工具書」，在未來每一天的全球股市變化中持續練習與驗證。如此，就能實際運用在尋找未來值得投資的「成長股」，協助讀者在股票市場穩定獲利，並更快達到財務自由！

透過「刻意練習」，
成為穩定獲利的投資人

「珍妮愛投資」版主／珍妮

　　這兩年在疫情籠罩之下，全球政府積極印鈔救市，資金行情來勢洶洶，殖利率在全球前段班的台股，除了深受國際資金愛戴之外，內資更是這波攻上萬八的要角。疫情之下的產業加速升級，加上台商回流等，造就台股這波大行情。日均量也由過去的一千多億，衝上四、五千億，市場人氣火熱前所未見，我們都在一同見證歷史。

　　在台股成為全民運動的同時，別忽略市場的殘酷。「二八法則」中，說明了市場的贏家往往只有少數的二成，甚至是更少。這兩年的極端行情，締造很多少年股神，擴大槓桿、ALL IN 讓資產翻數 10 倍的也不少。但這終究不會是常態，大賺之後反而該思考每筆操作是靠運氣，還是真的按照紀律操作的結果。

　　如何成為那二成的贏家，並長期在市場獲利，才是最重要的事。想做好一件事，本來就該做足功課，就好比去年因為疫情無法出國，多少人一心只想攻頂百岳解鎖成就，卻少了許多事前準備功課，導致 2020 年山難事故創下歷年新高，人人都想要收集美景，卻忽略事前準備不幸賠了小命，得不償失。

投資事前的準備更不能少，畢竟每筆初始資金都是辛苦賺來的錢，更要認真看待。大家都想要在市場大賺翻身，但要憑什麼去贏別人，有什麼優勢呢？我想，進入台股市場前，了解台股特性是基本，接著必須擁有一套完整的進出策略，並搭配正確的心態與風控，長期才能維持大賺小賠的目標。

本書就是很棒的「投資台股前工具書」，循序漸進帶領大家了解台股最具爆發力的成長股，運用產業及基本面濾網選出個股後，再搭配籌碼及技術面提高勝率，達成年化報酬 20% 的目標並非難事。

投資本來就是件違反人性的事，必須透過「刻意練習」，持續檢討來精進自己的每筆交易。很多老手明明學會了許多技術分析，長期下來卻往往被主力利用技術分析甩轎或是騙上車，還是無法穩定獲利。看了書中大量的台股實戰案例，就可明白其中道理，能從中學習更能少走許多冤枉路。

Efron 是位對投資很有熱忱及想法的年輕人，對於產業趨勢的研判功夫也下不少。一般投資人雖然很難花大量時間研判產業趨勢，卻可以利用書中幾個回測過的基本面有效因子當選股濾網，在基本面沒有太大的問題下，運用籌碼及技術面抱股，進出有依據、抱股的信心有了，自然就能掌握住了個股波段行情。

推薦序 2
給新手的投資啟蒙書，
跟成功的人一起走下去

「年輕人的投資夢」版主、 大學財金系兼任講師
鄭詩翰

　　E 大和我是在淡江大學的同學，當時一起鑽研股票，對投資的狂熱就好比當時同年齡的學生在打 LOL 般癡迷。我們雖是八年級生，但把熱忱投入在實現財富自由的道路上，很開心同學如今能開花結果並出書造福人群。

　　因為近年股市狂熱，檯面上的投資理財書籍琳瑯滿目，但真正教實戰的卻是少數，這本書就是少數中的經典，把新手必學的投資大小事，全部在這本書裡傳達給讀者，算是給新手的一本投資啟蒙書。

　　在第 7 章中提到：「完美的聖杯不存在，接受策略的不完美」，這個章節我非常推薦讀者去閱讀，畢竟研究投資的目的，就是為了在不確定的市場下，找尋似曾熟悉的一條路。若讀者一開始很順利，之後卻遇到投資撞牆時千萬別灰心，或許只是此時投資環境不適合你的策略。**市場不會因為那些失敗者難過而停止轉動，一定要相信自己還能賺回來**，透過靜下心學習，放慢自己的節奏並修正盲點，相信一步一腳印，越努力越幸運！

　　為了避免陷入「過度最佳化」（Optimization problem），這裡分享一種方式給發想新策略的讀者朋友們，就是必須讓策略邏輯清晰，才能精準確認市場是否真的存在獲利機會。要驗證策略是否有效，記得沿著下列這三個步驟檢視：

　　第一步：不加入過多濾網，先釐清策略股池是關鍵，

　　第二步：簡化交易進出場，以開收盤作為進出場點，

　　第三步：加入濾網，觀察回測結果。

　　我自研究所畢業退伍後，就開始專注於自己的投資操作上，認真把交易當作一份事業來經營，除了成就自己之餘，也希望造就他人。為了深耕下一代的理財教育，在淡江大學等多所大專院校任教，每當有好書時，都會在課堂上推薦學生閱讀，主要是讓大家養成閱讀的好習慣。

　　我認同看書學習是 CP 值最高的一項投資，因為你只需要兩、三個小時就能看完一本書，但那本書可能是作者花了一整年寫出來的結晶，也是作者交易生涯中的經驗傳承。學習投資必須趁早，不是實現年輕人發大財，而是在自己資金不多時就培養正確的理財觀。這點對日後生涯發展有很大的幫助，可以提早投其所好，而不是靠工作決定自己的人生方向，畢竟穩賺不賠的投資，就是投資自己。

　　從 2014 年投資至今有多少人能堅持到最後？我想能堅持下來的人不多，但我與 E 大卻還能繼續在市場學習，因為我們相信：「比你厲害的人比你還努力」。投資市場充滿著無限機會，投資

最重要、卻是最簡單的法則：「想辦法活下來，並與成功的人一起走下去。」

上班八小時，決定你現在的成就；
下班八小時，決定你未來的成就。

未來想要成為什麼樣的自己，現在就要做什麼樣的選擇！祝福讀者們能閱讀順利、投資順心，並在投資市場上找到適合自己的獲利方程式！

第 1 章

進場前，
你必須知道的事！

1-1
投資心理學：如何成為股市中少數賺錢的人？

　　股票市場常被人比喻為金錢戰場，股神科斯托蘭尼認為：基本面決定了股市長線漲跌表現關鍵，而短、中期漲跌表現，有90％是受投資人的心理因素影響。

　　事實上，這個市場玩的是心理戰，資金就是手中的武器，投資人踏入資本市場以賺取更大的報酬。諷刺的是，親身經驗告訴我：十個投資人中，平均只有一個是贏家，其他九個都是輸家。

　　原因很簡單，在資訊爆炸的年代，很容易頻繁地接收到消息面，無論來源是分析師、財經專家、機構法人研究報告等等，各種資訊無所不在地遍佈在散戶投資人身邊。其中的20％，需要被基本面趨勢用時間驗證；而另外的80％，時常只能用來判斷短線上的漲跌。

　　散戶普遍只喜歡賺短線財，提槍上陣後看漲就追漲，看跌就嚇得屁滾尿流，智商瞬間砍半下毫無紀律。相對地，能在股市成為贏家的關鍵，在於能嚴守紀律。

　　買賣股票遵守紀律早就是老生常談，但股票市場中總會出現資訊不對稱的陷阱，導致賠到血本無歸的案例。像是2016年

的樂陞（3662）收購案破局；2018 年的康友 -KY（6452）財報有疑慮與董事長申報轉讓賣股，連鎖 14 根跌停板；2020 年的康友 -KY，更是因為未繳第二季財報停止交易後直接下市。事實上，每年相關案例層出不窮，只要以史為鏡就可知興替，投資人是有能力避開的。

交易比是「氣長」，不是比氣盛

股市是一個充滿賺錢機會，也充滿誘惑陷阱的地方，踏入社會的新鮮人是需要累積「經驗」的，但多數新手投資人，都在缺少經驗和策略的情況下貿然投資股票，這和士兵沒經過訓練就上戰場一樣，很容易「出師未捷身先死」。

舉例來說，一筆 100 萬的資金虧損了 20%，也就是虧損 20 萬，如果要用剩下的 80 萬將虧損彌補回來，不只需要 20% 的報酬率，而是至少需要 25% 以上的報酬率。因此當虧損越多，能回本的機會就越渺茫。投資人若有這個概念，就會慎重考慮每一筆交易該投入多少資金。

圖1-1 虧損率與彌補報酬率

最初金額	虧損（％）	剩餘金額	彌補虧損需要的報酬率
1,000,000	10%	900,000	11%
1,000,000	20%	800,000	25%
1,000,000	30%	700,000	43%
1,000,000	40%	600,000	67%
1,000,000	50%	500,000	100%

　　圖 1-1 中，以 100 萬本金為例，下跌 10% 後變成了 90 萬，而 90 萬上漲 10% 只有 99 萬，如果想要回本需要上漲 11.11%；當虧損到達 20% 時，需要上漲 25% 才能回本。也就是說，當虧損率越來越大，回本的難度也就越來越高，一旦虧損率超過 30% 甚是擴大到 50% 時，幾乎不太可能回本。

　　每個人都應該了解自己的風險偏好，方便建立交易系統。目的是固定自己的交易行為，根據現有的交易邏輯和頻率系統化，以提高交易的勝率。對於絕大多數新手投資人而言，並不適合做短線，他們卻往往對做短線交易樂此不疲。

　　事實上，我也**建議剛踏入市場的新手，應該先從做中、長線開始。因為一開始並不了解自己性格的優缺點，而散戶的優勢是資金閒置，**買進一檔股票可以持有數個月甚至是數年，不像機構法人的資金都是有條件的限制，因此散戶具有做長線的天然優勢。

　　講到這裡或許有人認為資金量少，進出方便也是散戶的一大優勢。但這其實是錯誤的觀念，**因為資金量少能夠進行持股配置的空間就有限（50 萬以下都會定義在資金量少），持有每一檔股票的風險就相對變大，**然而做短線需要較豐富的交易經驗和技巧、超強的心理承受能力與較充分的看盤時間等等，以上要素都不適合大多數朝九晚五的上班族。

　　例如，2020 年 8 月的台灣證券交易所，開放券商申請「主機共置」新服務，結果造成某單一外資在凱基台北分公司，以高於其它投資人 10 倍的交易速度進行高頻交易。高頻交易者享有

更多的交易優勢，一天的單日成交量暴衝到 150 億，只有在凱基台北分公司下單的特定外資大賺特賺，就像「其它人還在用刀劍對決時，有人拿著機關槍進場」。

當然上述論點並不是一竿子打翻一船人，要徹底否定短線交易。正所謂「一樣米養百樣人」，**一定還是有少數人能每天頻繁進出股票賺到錢，也就是說沒有所謂的絕對，只有適不適合。**

買賣股票要「逆人性」才能成為真正贏家

經濟學裡有一個故事：在一群羊面前橫放一根木棍，第一隻羊跳了過去，接著第二隻、第三隻羊也會跟著跳過去。此時如果將木棍拿走，第四隻羊依舊會不假思索跟著第三隻羊向上跳過去，想當然後面的羊也會做出一樣的事情，即便阻擋牠們去路的木棍已不存在。如此無意義地跟隨大眾心理和行為，就是所謂的「羊群效應」，又可稱作「從眾效應」。

日常生活中「無意義」的從眾行為可能只會浪費你的精力，舉一個最貼近我們的案例，2020 年新冠肺炎疫情延燒，台灣接連出現了「口罩和衛生紙之亂」，就算政府用「實名制」購買措施因應，由超商和藥妝通路統一販售，但因為人們缺乏安全感，對於價格和供需有心理預期上的落差。最後因為害怕衛生紙、餐巾紙等紙類製片原物料減少，恐會漲價，導致各大超商賣場貨架上的衛生紙都被一掃而空。

從眾行為也在股票市場屢見不鮮，而股票市場的「從眾行為」，只要有個風吹草動，就會讓一些無知的人瘋狂追買股票，

往往讓投資人成為市場中的待宰羔羊。

為什麼投資人總是難以克服心理障礙？因為人性本能會造成投資人追高殺低、多空皆錯。與其說市場作弄人，實際上是人性在行情起伏中飽受試煉。大家有發現嗎？「國際級」投資大師的書籍，多數都是分享交易心理學，而不是聚焦技術分析。

可是多數初學者卻只鑽研技術分析，相對地交易觀念薄弱，一旦賠錢就覺得是「波浪算的不夠正確」或「沒有學到技術分析精髓」。緊接著將所有關於技術分析課程或書籍買一輪，卻沒發現慘賠的最根本原因，是「心理素質與實戰觀念不夠扎實」。

這裡就開門見山地提醒投資人，「無論你的分析能力有多強、對未來走勢多有洞見，也無法一直預測出市場接下來將發生的事。」所以，每一筆交易進場之前，先了解你的風險且永遠別做重壓，在股票市場需要知己知彼，才能成為笑到最後的市場贏家。

如果你期許自己成為一位維持長期績效穩定的投資人，請先建立專屬於自己的交易心理學，再去學習適合你的交易策略。倘若觀念沒有先建立好，執行策略時容易因遲疑而錯過絕佳進場時機點。

也就是說，實戰操作上交易策略跟心理素質要並駕齊驅，很多人只專注追求每一段大小行情與機會都要參與，結果往往事與願違。因此不如退而求其次，專心在自己能掌握的交易機會中確實地執行。

想在股市中穩定獲利，需具備的5項基本原則

原則 1：預測行情，也要滾動式修正看法

　　即便是法人機構預測的目標價，也不一定完全準確，交易永遠不要把目標價放第一優先，而是進場之前先確定自己能承擔的風險，進場之後繼續滾動式修正與驗證看法是否正確。

原則 2：進場與出場有憑有據

　　首先，新手投資最常有的天大錯誤是：「學會某一項技術分析，就懂得如何分析股票」。但其實技術分析的本質，是利用過去的市場價格，告訴你一個可能性，讓我們買進賣出有依據，不至於大虧損。它是能幫助我們合理計算交易風險、規劃策略，設好停損的工具。

原則 3：重複正確的習慣，穩定獲利的策略也需要堅持

　　越是簡單的操作原則，越是要長期紀律遵守，要在股票市場生存，嚴格守紀律是絕對必要的。也許會有些枯燥，但是重複正確的習慣夠讓你贏多輸少，因此你應該繼續忍受枯燥。檢討與記錄交易，也是要建立的正確習慣，且要求自己盡量不要重複犯錯。

原則 4：容許虧損與失敗

　　允許自己按照交易系統具體執行之後的虧損與失敗，但是不能牴觸上述的原則 2「進場與出場有憑有據」。一旦心理素質不

足，就容易意氣用事，在盤中胡亂操作，造成失控的悲劇。如果你是容易追求完美、不允許任何失敗與停損的人，就非常不適合做主觀交易。

原則 5：耐心等待一記好球

股神華倫巴菲特曾說過：「錢會從沒有耐心的人手中轉移到有耐心的人的手中」，好的進場時機需要時間來耐心等待，即使是股價進入主升段之前，也需要時間將底部整理出來。但新手最常犯的錯是，他們看到別人花五年、十年投資拿到的回報，第一個反應往往是：「這樣的獲利能不能更快就讓我賺到？」

如果把台積電近十年技術面走勢打開來觀察，最容易成功的投資策略是不用每天盯盤殺進殺出，善用時間的力量也能賺到大錢。但如果連長線的思維都沒有，那麼你更難掌握短線波動，所以股市總是獎勵最有耐性的人。

E大心法

每一筆交易進場之前，應先了解自己的風險，且永遠別做重壓。

1-2
投資心法：跟股神偷學順勢、紀律、取捨這3件事

　　隨著時代進步、科技發達，每一個人都能快速又方便地從手機、網路接收到股票訊息，例如：一家公司的每月營收、每季財報、法說會、公司重大資訊等等，上網都能即時查到。如果想學基本面、技術面、籌碼面，也都能夠從各大財經平台（如：CMoney）獲得相關知識。

　　雖然經由網路這個管道，能讓投資人更容易掌握股市脈動，但為什麼一樣付出了相當的時間與努力進行研究，有人最後是贏家，有人卻難逃輸家命運呢？**一位主觀股票交易者，每天該做的不外乎以下 5 件事：看盤、消息解讀、選股、選時和交易**，前 4 項靠的是分析判斷力，最後一項則是執行力。

　　現實上，幾乎所有的投資者，每天都在為提升這 5 項能力而努力，但大多數人依然成了輸家，問題究竟出在哪？與其說股票市場捉弄人，實際上是「人性」在行情起伏中飽受試煉。

　　由於人性難以掌握，有時甚至混亂無序，所以無法百分百預測出明天的走勢。因此，在買進一檔股票前先建立「抱最大的希望、盡最多的努力、持最好的心態」，才是比較理性、正確的態

度，以下分項詳細說明。

1. 抱最大的希望：順勢交易

「順勢交易」顧名思義，就是順著當前的趨勢進行買賣，買股票首先要尊重市場趨勢的運行規律，白話來說就是「**只買股價向上的股票、不買股價向下的股票**」。

而單純用技術面判斷趨勢，可以使用均線與量價關係：當季線（60 MA）和年線（240 MA）黃金交叉翻揚，股價保持量增價漲格局，趨勢就是向上；反之，當季線（60 MA）和年線（240 MA）死亡交叉翻揚，股價保持量增價跌格局，趨勢就是向下。

圖1-2 股價保持量增價漲格局趨勢就是偏多

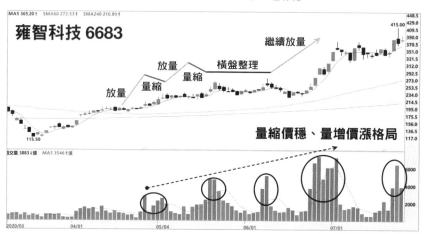

觀念補充

輸家喜歡猜頭摸底，贏家勇於順勢操作

一檔多頭格局的股票，技術指標季線（60 MA）和年線（240 MA）黃金交叉，且季線（60 MA）翻揚向上。這時候買進分為兩種方式：順勢買進是指配合股價上漲行進間，挑選紅 K 棒買進；另一種逆勢買進是指多頭格局條件不變情況下，挑選黑 K 棒買進，所以會在股價下跌時買進。此處衍生出股票市場中的一句話：「多頭格局，股價拉回就是買點」，這裡需要提醒新手投資人常有的錯誤觀念——撿便宜。

　　一般人購物都有撿便宜的心態，但是買賣股票不能用購物觀念來判斷，這是因為股價正在破底創新低，往往　定還有更低點，用圖1-3的 A 和 B 兩支股票為例，股價都差不多在 90 元左右，你會怎麼選擇？

圖1-3　**季線與年線決定趨勢偏多與偏空**

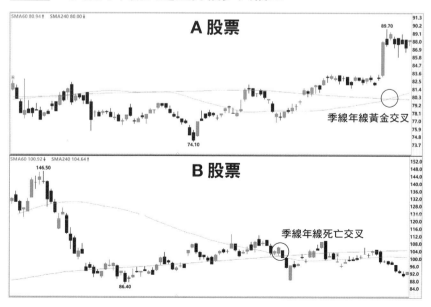

　　結果如圖 1-4，A 股票技術面看似好像已經很高檔，三個月後一路大漲到 131.5 元；反倒 B 股票從高點修正下，股價看起來相對便宜，但四個月後股價一路南下到只剩 63 元。

　　許多投資人喜歡「猜頭摸底」的最根本原因是：交易判斷的是價格、而不是趨勢。順勢操作並非想像中的容易，這是一種要買在高點、賣在低點的做法，顯然違背人性；而新手投資人都希望要買在低點、賣在更高點。但在現實世界裡，只有事後諸葛的人才能不斷的買在最低點、賣在最高點。

圖1-4 順勢買進你所看到的趨勢，而不是價格

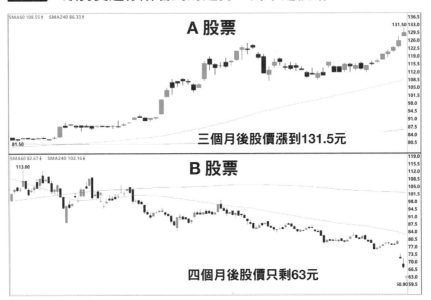

2. 盡最多的努力：嚴格執行交易策略

　　一個人如果執行力存在很大的問題，不僅僅是買賣股票，無論做任何事都很難成功，贏家絕對擁有堅定的執行力，這就是在股市與現實中該有的相同態度。一般人雖然能在進場前保持客觀立場，進場後卻容易失去理性的判斷，這時唯一的辦法就是執行既定的策略。也就是說，一旦開始執行自己的計劃或交易策略後，必須嚴格執行到底。

　　同理，如果每筆交易都只是跟隨著市場行情隨機做出決定，即使最後結果獲利，也只是僥倖的獲利，如此無法持續驗證自己的交易策略。這種情況下，就算在市場待好幾年、長期投資，績效仍然沒辦法進入正向循環階段。

　　建立交易策略能夠建立信心，依據機率思考的技巧更能讓我們達到機械式操作，找到對你最有利的交易策略。這麼做除了有助於創造穩定的獲利績效，也能由系統的方式消除對於股價波動的恐懼，進而減少犯下交易錯誤，這些都是學習贏家心態的優勢。

　　更誇張的講法是能由信心強化成為一種信念，將我們自身過往的實戰交易經驗整合成一道道程序。因為股票價格稍縱即逝，最終需要憑藉直覺交易股票，無論是股價爆量創高或破線下跌的因應策略，該停利時就果斷出場，該停損時也絕不手軟，就像是人體遭遇危機時的一種反射動作，足以從容應對金融市場的巨變。

3. 持最好的心態：
果斷取捨，抓對時機後買賣

　　股票市場存在的基礎為波動性和不可預測性，因此買賣股票時，最常出現的情形是不能抓住最高點或最低點。例如遇到不錯的買進機會時，總是猶像不決，不但錯過最好的進場時機，到最後迷迷糊糊地被迫追漲，結果慘遭套牢收場。同樣地，在賣出股票時也是拖拖拉拉、該斷不斷，認為股價還有可能會反彈回升，直到被嚴重套牢才悔不當初。

　　股票市場比賭博更有優勢的地方在於：賭博時，當你下好賭注後就不能回心轉意，必須賭到最後一刻；但買賣股票並非如此，股票價格上沖下洗之際，除非你決定要買進，否則不會持有一檔股票。接著你希望持有一檔股票多久的時間，就會持續多久，直到你自己決定賣出股票，否則這筆交易不會結束。

　　事實上，買賣股票的決定除了自己，沒有人會強迫你要冒風險進場，市場也不會強迫你退出股票市場。交易時不僅要有健全的心理素質，也要懂得果斷作出取捨為結果負責，該買就應該立刻買進、該賣就應該果決賣出，才能在股票市場中持續汰弱換強，否則你可能變成被動的輸家。

　　人生中有很多目標，說穿了是需要時間累積才能完成，沒辦法立竿見影。我們大部分要靠的不是選擇，而是日常生活中看似平凡無奇，卻對我們生活有巨大影響的「習慣」。這些習慣經年累月下會左右我們的成敗與財富。就像靠海吃飯的討海人，他們

汰弱換強

強弱是一組相對的概念，在股票市場上，有4個我最常考慮的面向：

1. 產業面：產業能見度高的公司，易具備營運上的利基點，例如「三新」產業趨勢—新產品、新趨勢、新客戶。
2. 技術面：目前大盤跌破季線，如果股價在季線之上，就是相對大盤強。
3. 籌碼面：短線股價下跌時，如果法人或主力券商仍連續買超，相對有助於籌碼安定效果，操作心理面符合危機入市的投資思維，當大盤開始止穩反彈，這些股票相對容易有利基點跟著急彈。
4. 型態面：舉例如果出現突發利空事件，導致指數留下一根中長黑 K 棒，恐慌情緒引發賣壓蔓延到個股上，股價都在這一個交易日內留下黑 K 棒，那麼接下來股價能利用實體紅 K 棒吞噬或挑戰波段新高的，就是相對強。

圖1-5　股價的強弱，易在指數出現中長黑 K 棒被看出

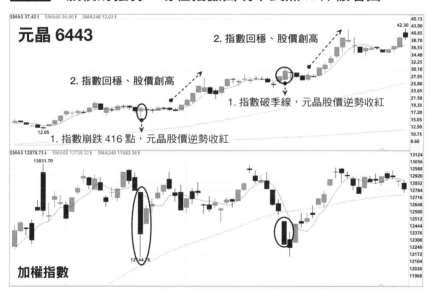

會目測天氣變化預測風向的轉變，選擇出海捕魚的有利時間。對投資人來說，也需要時時刻刻檢視自己有沒有違背市場的方向前行。

　　讀者能夠利用以下的「贏家與輸家心態體檢表」，破除惡習並建立好習慣，做錯了就修正方向，唯有虛心檢討才能長期穩定存活在股票市場中。

圖1-6 　**贏家與輸家心態體檢表**

贏家心態 下列條件符合加1分		輸家心態 下列條件符合扣2分	
進場前有事先作功課		盤中衝動買進	
基本面與技術面相輔成成		過度相信某一面向分析	
合理配置資金比重		借錢或融資重壓買進	
獲利超過10%才加碼		虧損超過-10%加碼攤平	
勇於順勢交易		喜歡猜頭摸底	
有憑有據跟著選股策略		人云亦云、追隨討論明牌	
尊重中長線趨勢		喜歡猜測短線漲跌	
若賠錢先冷靜檢討		停損繼續賭下一檔	
每日盤後作功課，滾動式驗證與修正看法		每日盤後不做功課	
定期檢討績效與大盤報酬率		只顧著看市場最飆的股票	
習慣看新聞解讀消息面		利多過度樂觀、利空極度悲觀	
合計：		合計：	

※ 贏家與輸家心態體檢表可以定期每週或每月檢查，將目標設定為合計分數是正數，讓輸家心態完全消失、贏家心態越來越多，心態會一步一步的健全與成熟，成效自然會慢慢浮現，最終能夠校正回歸到成功的道路上。

1-3
選股法則：4條件教你買進成長股，獲利超過100%

　　股市投資的本質是一場投資未來、憧憬未來的遊戲，有投資人終其一生靠有限的幾支股票，買進後長期持有（Buy & Hold），為後代子孫奠下成為財富自由的基礎。

　　這些存在機會的地方，不見得必須在 2000 年網路科技泡沫、2008 年金融海嘯或 2015 年人民幣匯改等等，歷史性恐慌底部的特定時間點買股票才會賺錢。尤其面對全球進入超低利率及量化寬鬆環境時代，雖然現金完全不會波動，但每年平均 2% 的通膨，卻會侵蝕現金價值，儼然是一種隱形稅。

投資成長股的理由

　　當現金不再保值，就驗證巴菲特所說的：「長期持有優質股票的複利效果。」在全球股市規模不斷膨脹的情況下，產業發展的變化速度也更勝以往，所以**投資成長型股票不僅是一種基本保障，也是投資價值所在。**

　　知名的成長股大師菲利普・費雪（Philip Fisher）認為，找

尋好公司最重要的第一個條件是，「這家公司的產品或服務有沒有充分的市場潛力，至少幾年內營業額能否大幅成長」。

無獨有偶，另外一位成長股大師威廉歐尼爾（William J. O'Neil）歸納過去百年來強勢股的共同特徵，並建立一個廣為人知的 Canslim 系統，其中 C 指的是當季每股盈餘季成長率（+QoQ），A 指的是每股盈餘年成長率（+YoY）。

歸根究柢，成長股只要專注找尋「獲利能力正在轉強」的公司，代表每股盈餘（EPS）處在上升趨勢。相對地，市場預期未來獲利能夠持續成長，對應的就是對未來股價存在上修的空間。

成長股的奧秘在於，公司營收與獲利持續成長，容易獲得較高的評價模式。儘管短期來看股價好像與業績不匹配，但從長期來看，股價與業績一定是匹配的。

可以這麼說，買進成長股是最容易賺到超額的波段利潤；反之，如果一間公司獲利進入穩定期，且每月營收始終維持不變，要我在 10 倍以下的本益比位階買進且一直持有，我會買嗎？答案是：我不會這麼做。

就投資人角度而言，因為每年獲利維持不變，股價就容易一直不變，如果公司沒有股利配發加上通貨膨脹，這就是一直持有不斷虧錢的買賣。

以台股的護國神山台積電（2330）來看，每年獲利已經連續八年創歷史新高，外加豐厚的現金股利搭配營運高速成長，是吸引國際資金對台積電愛不釋手的大誘因。而且它是產業的領頭羊，每年具備高能見度的成長性，法人機構的評價台積電的模

式，就會從價值股轉為成長股（From value to growth），也就是說用成長角度看待台積電，讓台積電值更高的本益比位階，如圖1-7。

圖1-7　台積電月線圖

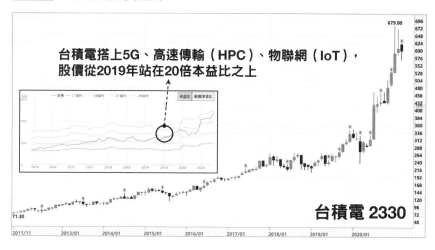

當價值股轉為成長股，股價的潛在報酬空間往往是倍數行情，特別是公司切入長線成長動能強勁，且市場關注度高的產業趨勢。例如電源供應器大廠的台達電（2308）搭上雲端、自動化及電動車趨勢，2021 年電動車全球產業趨勢已成型，有助於電動車的相關營收保持高速年成長，因此股價容易享有超過 20 倍以上的高本益比優勢，如圖 1-8。

圖1-8 台達電月線圖

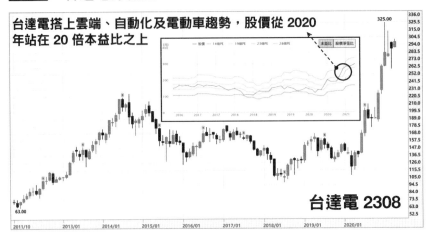

台達電搭上雲端、自動化及電動車趨勢，股價從 2020
年站在 20 倍本益比之上

台達電 2308

下對 4 個條件，選對成長股

因此，這裡要直接破題，定義出一套濾網，以便從 1,700 多
檔股票中找出容易進入成長期的選股策略。當一家公司營運進入
高速成長期，是最容易吸引到基本面、技術面、籌碼面與消息面
各流派的投資人，同時以自己的主觀看法買進這支股票，自然就
成為市場熱門主流股。

條件 1：單季每股盈餘（EPS）創四季新高

條件 2：單月營收創六個月新高

條件 3：股價在季線（60MA）之上、日均量 >1,000 張

條件 4：量增價漲、量縮價穩保持階梯式上漲

股票市場是一個主流不斷快速輪動的市場，因為主力拉抬股

票會有先後順序，自然產生類股輪動。選股同時也考驗你的「擇時能力」：當你預期一檔股票潛在獲利空間高達 20% 以上，以選出來的時間點來統計，則「股價整理高達一年時間才漲上去」跟「股價整理一個月時間漲上去」下，一定會選擇持股時間較短，但能達成一樣的報酬率，這就是擇時能力。

上述 4 項選股條件方式，不是要讓大家選在股價最低點，因為最低點往往需要時間去磨，而是要找出最容易進入高速成長階段的個股，用好的選股策略搭配本書後面章節的操作方式。當股價成功噴出時，容易有 +20% ～ +50% 以上甚至倍數獲利；失敗時則控制在 -10% 以內的虧損。

如此，理想的情況下風險報酬比至少要 1:2，表示每 2 元的潛在獲利，你只要冒 1 元的風險，即使交易勝率是低於 50%，仍然能夠長期穩定賺錢。倘若你的每一筆交易都有固定選股條件濾網，每當獲利落袋，都會強化自己能夠穩定獲利的交易信念，最後中長期報酬率也會更穩定。

對於投資人來說，**如果想從一籃子的股票中去蕪存菁精選持股，核心理念是「尋找每股盈餘（EPS）加速點」**，就容易掌握一檔股票最甜美的漲勢，成長幅度數字越大的，其投資價值就會越高也越適合買進。

舉例：每股盈餘從 0.01 元成長到 0.1 元，相對成長比率為 10 倍，以數字差來看，每股盈餘只成長 0.09 元不足以撼動股價；但相對地，一檔股票的每股盈餘若從 1 元成長到 10 元，就是非常強勁的成長。這種成長幅度與變動率越強的股票，相對容易成

為未來一季的飆股。

以金像電（2368）為例，2020 年營運大豐收，新冠肺炎疫情讓遠距作業商機爆發，資料中心建置、伺服器採購、筆電需求增長，搭配公司持續進行生產線調配、改善良率及產品結構優化等，如圖 1-9 公告 2020 年 EPS3.82 元較 2019 年 EPS0.24 元，大幅度成長 1491.6%，創金像電 1998 年以來新高。

從 2019 年到 2020 年年報公告日的收盤價來統計，股價從 21 元漲到 55 元，漲幅達 172.3%，這段漲勢是掛牌以來股價最有效率的漲幅。

圖1-9 金像電年 EPS 成長率與股價漲幅表現

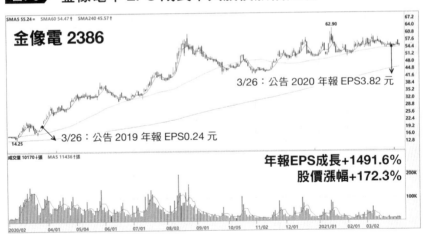

倘若將這 4 項關鍵選股條件：單季 EPS 創四季新高、單月營收創六個月新高、股價在季線（60MA）之上、日均量 >1,000張、量增價漲、量縮價穩皆保持階梯式上漲，針對所有台股上

市櫃公司樣本，持股週期以「一季三個月」為單位，定期去換股操作，即使是勝率增至六成之間，經過十四年共 3,705 個交易日（2006/3/31 ～ 2020/12/31）回測結果，總報酬率高達 +2004.1%，年化報酬率 +22.5%。

數據告訴我們「市場雖然不完美，但很有效率」，在資訊不對稱情況下，股價有時反應過度或反應不足，但時間只要拉長，足夠達到財務自由。很多人都誤以為自己能猜測股市最高點與最低點，甚至預測未來某一天將重演 2008 年的金融海嘯，但這種想法只會限縮我們的獲利，長線下來就很難超越大盤。

反之，若不幸遭遇金融危機，也需要一項就算閉著眼睛也能帶你財富重分配的策略，股票因為輪動上的先後順序，多頭行情下，大部分都能夠參與到漲勢。

圖1-10 2006/3/31 ～ 2020/12/31 策略回測績效圖

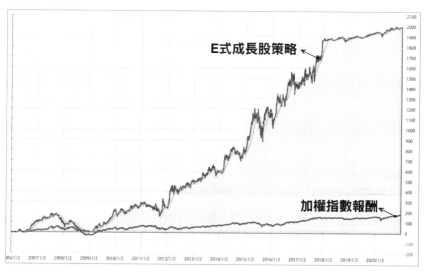

　　能夠穩定獲利的選股策略，除了要符合股票市場邏輯運作，也要能夠讓投資人守紀律的簡易執行，莫菲定律（Murphy's Law）告訴我們：「只要是有可能會出錯的事，就一定會出錯。」這可以引用在沒有操作紀律、資金控管的投資人，最後有很高的機率被金融市場修理。

　　因此，買賣股票如果想要長線報酬戰勝大盤，除了本書提供選股洞悉成長股的知識（IQ），也要有風險忍受度、風險安心度，知道自己可以承受多少風險的心理建設（EQ）。

　　理論必須搭配實戰演練，本書的成長股選股策略，將基本面與技術面做完美的結合，投資人若願意練習，將書中方法融會貫通，循著同樣的思路和概念，找到飆股其實不難。接下來一起研究選股時，才能辨識出飆股的長相，設定關鍵性的停損、停利和資金配置控管的能力，建立致勝的根基。

第 2 章

選股時，該如何找出上漲股？

2-1

我用技術、籌碼、基本面，來挑出優勢股

　　由選股模式大方向分類來看，包括基本面、技術面、籌碼面、消息面四種，不同類型的投資人各有不同的選股邏輯，當股價突破歷史新高的時候，投資人會以主觀的個人看法而買進某支股票。

　　例如：月營收開始快速成長，營收佔比轉向到高毛利產品，造就獲利大幅跳增（基本面）；股價量增價漲，站上所有均線之上（技術面）、法人和大戶連續買超，特定贏家券商在整理區間持續囤貨買超（籌碼面）、新產品通過大客戶認證，下個月開始接獲大量新訂單（消息面）。

　　這種時候容易是「公說公有理，婆說婆有理」，不如將各大面向觀點，整合成一套精華的策略，正是**我的投資核心理念——選擇技術面、籌碼面、基本面的優勢股**，如此便能吸引全市場的各種投資人，更容易找出股價趨勢向上的好公司。

　　「長線保護短線」用我的觀點來解釋為：尋找基本面趨勢向上的個股，能夠避免大環境指數變化，與個股資訊不對稱所造成的短線股價波動。因為產業趨勢、經濟環境、企業競爭力，都會

影響一家公司的營運發展。上市櫃公司裡並不是每一家公司體質都像台積電，能在世界市場中建立競爭力，具備美國科技股體質足以支撐股價好幾年的大多頭，讓投資人足夠有信心長期持有好幾年、跟著台積電成長。

但我們可以做的是，將持股週期縮短到一季到半年的時間，中間透過每月的月營收（每月 10 號以前公佈上個月營收）、季報（第一、二、三季季報公佈分別為 5/15、8/14、11/14 以前）、年報（隔年 3/31 以前）尋找正在成長階段的公司。

成長股容易符合「三新」的條件，也就是具備新產品、新應用、新訂單優勢的個股，容易進入高度成長期。市場上的法人與主力，能夠給予成長型股票本益比位階較高，主要原因是高本益比位階的個股市場，更看重它們的「未來成長性」。

如果一間公司過去到現在每股盈餘（EPS）持續成長，那麼股價也會水漲船高，對於低買高賣獲取資本利得（賺價差）的投資人來說，反應在股價上是最有效率的一段漲幅，能夠省去等待的時間成本。

如圖 2-1 的大學光（3218），憑藉集團資源及經濟規模優勢，技術及服務項目多元化，為其在業界保持領先之最大競爭利基所在。加上兩岸眼科市場持續成長，且全年齡全方位視力管理趨勢明確，從 2020 年第一季每股盈餘（EPS）1.17 元保持季成長趨勢到第三季每股盈餘（EPS）2 元，以季報公告日的收盤價來統計，股價從 110 元漲到 279.5 元，漲幅達 157.6%，這段漲勢是掛牌以來股價最有效率的漲幅。

圖2-1 大學光 2020 年每股盈餘（EPS）加速成長

再以精材（3374）為例，藉由大股東台積電加持下，後端
3D 先進封裝測試需求大增，使股本較小的中小型股事半功倍，
獲利繳出爆發性成長。即使 2020 年全球股市受到新冠肺炎疫情
影響，波動相當劇烈，如圖 2-2，精材從 7 月營收開始加速成長，
直到公告 Q3 每股盈餘（EPS）2.2 元創下單季歷史新高，股價
從第三季最低點 101.5 元，開始漲到年末的歷史新高 213.5 元，
漲幅達 157.6%。

這就是基本面帶領技術面突圍的表現，價值可能會遲到，短
期內因為籌碼差異股價無法捉摸，但隨著公告獲利數字進而影響
市場的評價模式，中長期股價終究會反映成長價值。

圖2-2　精材 7 月營收加速成長，反應在第三季每股盈餘（EPS）創單季歷史新高

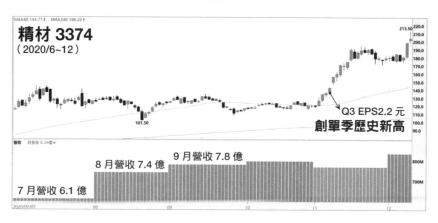

E大心法

尋找基本面趨勢向上的個股，能夠避免大環境指數變化，與個股資訊不對稱所造成的短線股價波動。

2-2
我也會留意所有消息面，
觀察股價的反應

　　事實上，股價總是跑在業績前面，因為股價是一項最先行的領先指標，往往領先基本面3～6個月。多數投資人致命的心態，是用自己的期望控制市場，股價走勢不如自己預期的時候，最先的反應，都認為自己的判斷才是對的、市場都是錯的。

　　但投資的根本就是違反人性，公平的市場肯定不存在套利的空間：認為股價被高估的人與認為股價被低估的人，如果正好相等，股價就容易達到供需平衡而趨於穩定；反之，只要兩者不相等的情況下，就存在套利的可能性。

　　如圖 2-3 的鎧勝 -KY（5264），在 2020 年 8 月 13 日盤後，和碩（4938）宣佈以每股 87.5 元溢價幅度 21.4%，總交易金額達 145 億元，100% 收購子公司金屬機殼廠鎧勝，而鎧勝將於收購案完成後下市，如果當天盤後看到此消息，容易會想到：

　　1. 過去幾個月內，市場上有人已經春江水暖鴨先知，領先卡位，才造成股價先飆漲一段。

　　2. 當股價越接近和碩（4938）的收購價格 87.5 元，利潤空間就越小、股價趨於穩定。

3. 當股價達到和碩（4938）的收購價格 87.5 元，就沒有人
可以撿到便宜。

圖2-3　股價就是一項最先行的領先指標

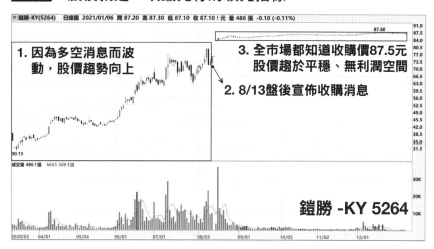

因此，無論信奉價值型投資或成長型投資，都一定要知道股
價永遠領先反應未來行情，那麼獲利虧損或營收衰退的個股就一
定會下跌嗎？這取決於公司對於未來行情的「預期」，只要「預
期」未來會出現成長動能，股價就不一定會因為現在營運狀況而
下跌。

當一家公司「單季獲利由虧轉盈」或「單月自結獲利由虧轉
盈」，表示該公司在經營上脫離谷底或產業趨勢轉強，這種情形
容易被稱為「轉機股」。依照過去歷史和經驗，只要公司接單順
利超過一年時間，往往股價從公司公告每股盈餘（EPS）由虧轉

盈後，開始計算股價漲幅容易有倍數行情。

以圖 2-4 的晶心科（6533）轉虧為盈為例。晶心科為聯發科旗下翔發投資、行政院國發基金持股，搭上中國發展研發自有晶片與 5G、IoT 發展產業趨勢之下，2020 年第三季仍虧損 0.69 元，但第四季開始營收創歷史新高、邁向成長階段，股價以第三季季報公告日的收盤價來統計，從 152.5 元漲到 364 元，漲幅達 138.6%。

圖2-4 晶心科 2020 年第四季轉虧為盈漲幅高達 +138.6%

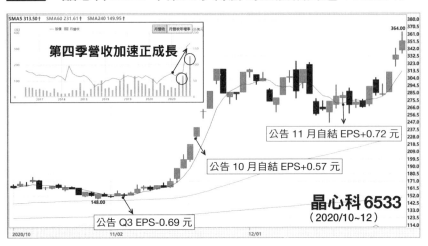

一檔波段大漲黑馬股，最關鍵支撐股價動能要有「強勁的獲利能力」，每季財報公告的稅後盈餘（EPS）是公司真正的獲利。還沒公佈財報以前，我們可以利用每月 10 號前，上市櫃公司公告的「上個月營收」資訊，找出未來獲利可能強勁的成長股。因

為獲利是由營收計算出來，如果營收出現大幅成長的情況，即便「毛利率、營業利益率、稅後純益率」持平，公司獲利數字也可能會非常亮眼。

我的習慣是使用近一季每股盈餘（EPS）與近一個月營收，作為主要的選股濾網，進一步觀察個股是否出現技術面轉強訊號，搭配籌碼輔助做買賣依據，三好到位就能買在股價發動時，活逮飆股順利搭上主升段列車。

2-3
最後，選對向上的產業，
股價不只翻倍！

如何判斷產業的獲利動能，有以下 4 個關鍵方法：

1. 產業衝擊，供應鏈加速整合大者恆大

以 2020 年的聚陽（1477）為例，在上半年新冠疫情衝擊之下，造成紡織供應鏈的資金鏈緊繃，多數小型供應商現金周轉困難，被迫關廠倒閉、退出市場。大型供應商則受惠於財務體質健全，帳上現金仍足以因應資金需求，度過疫情難關。

小型成衣廠倒閉後，釋出具備熟練技能的勞工，讓大型供應商在招工進展順利。品牌商藉由疫情，考驗供應商生產交貨的整合能力，淘汰反應速度慢、不具競爭力的供應商，將訂單集中到主要供應商，紡織供應鏈將呈現大者恆大的態勢。疫情結束後，大型成衣廠將受惠訂單集中化的趨勢，開啟新一波成長動能。

圖2-5 聚陽在疫情衝擊態勢之下，供應鏈加速整合大者恆大

　　另一方面值得一提的是，2016 年的日月光宣布公開收購矽品股權。半導體產業當時的時空背景，因為終端產品銷售動能不足，而進入成長停滯狀態。為了擺脫削價競爭的惡性循環，整合而成日月光投控（3711），擴大規模與整合資源。

　　事到如今，從 2018 年 4 月 30 日重新掛牌後，隨著雙方資源整合，龍頭地位更加鞏固、資本支出逐年成長，成功搭上 2020 年半導體景氣上升循環，享有更多效益，也讓 2020 年每股盈餘（EPS）6.47 元創下歷史新高，股價跟著創下掛牌新高。

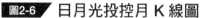

圖2-6 日月光投控月 K 線圖

2. 產業新趨勢新應用，產品出現重大變革

　　以 2020 年的立積（4968）為例，5G 滲透率開始進入高速成長期，搭配使用的 WiFi 規格，需要同步成長才能維持終端裝置的高速傳輸速度，讓智慧手機、筆電、路由器等消費性電子產品加快速度導入 WiFi 6。

　　過去 WiFi 5 在 FEM 的用量約 2 ～ 4 顆，逐步演進至 WiFi 6 後，為了因應 WiFi 6 的速度及頻寬，將 FEM 的用量提升到 6~12 顆不等。立積是少數有能力做出 WiFi 6 晶片平台通用的 FEM 產品，且產品皆拿到各晶片廠商的設計認證，對於產品出現重大變革的情況下，容易出現營收翻倍成長的現象。

圖2-7　產業新趨勢新應用，立積 2020 下半年獲利翻倍增長

3. 景氣循環週期

　　觀察產業景氣循環週期，合理判斷股價多空規律。以上銀（2049）為例，自動化產業上升週期，短約 6 個季度，長則約 8 個季度，對於股價上漲的影響程度，約 12 個月到 17 個月。

　　當產品價格持續調漲、產能利用率提升、營收與獲利規模放大的情況下，月 K 線從谷底翻揚，超過 +20% 以上收紅 K 棒時，就能合理預測景氣開始進入上升循環週期；反之，自動化產業進入下行週期，短約 6 個季度，長則約 7 個季度，對於股價的影響程度就會拉長約 19 個月到 23 個月。

　　基於股價會領先反應景氣高峰約一季左右，當月 K 線創新高，拉回 -20% 以上收黑 K 棒時，就能提前預測自動化產業將進入下行週期，合理避開股價長達約二年的修正時間。而景氣進入衰退後，容易發生需求面過度下單（Overbooking）、公司庫存過剩 、產品價格下修、資本支出趨緩等因素造成連續衰退。

圖2-8 上銀月線圖與每股盈餘變化 1

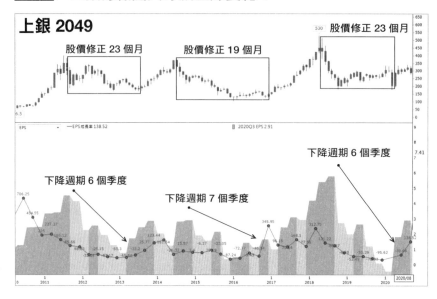

圖2-9 上銀月線圖與每股盈餘變化 2

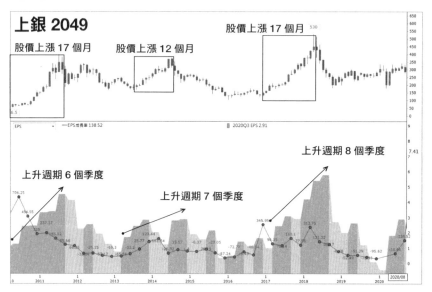

4. 產品價格調漲、獲利能力持續提升

　　以 2020 年 11 月的上銀（2049）為例，中國推動新基礎建設、5G 需求增溫，以及汽車產業重回成長，工具機景氣從谷底復甦的帶動下，自動化產業景氣明顯開始觸底回升。有助於產品價格持續調漲，產能利用率提升與月營收持續走高，直到 11/03 公告第三季財報 2.91 元創一年新高，股價開始出盡展開利空走勢，大漲到波段新高 468 元，漲幅達 81.2%。

圖2-10 產業漲價效應容易搭配財報公告利多而大漲

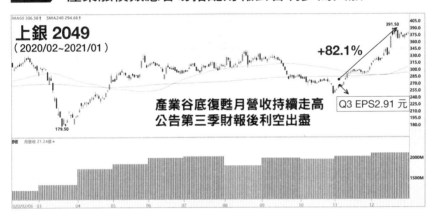

　　觀察漲價效應要特別注意，股價會領先反應景氣高峰約一季左右。倘若從消息面得知，景氣擴張週期一路推升到第四季，那麼股價高點會容易落在產業第三季，如此就能夠預測最容易上漲的時間點，方便推估合理進出場的時間點。

第 3 章

買賣點，用我獨門的 「E 式技術分析」

3-1
技術分析的優勢在於控制風險，不是預測未來

　　巴菲特曾經說過：「用技術分析就像看著後照鏡在開車前進」，這句話真的值得省思。因為開車就是要看著前方開車，怎麼會利用後視鏡開呢？因為 K 線只是價格的歷史紀錄，將數字轉化為圖形，方便我們在觀察時能夠一目瞭然。而所謂的技術指標，如：KD、MACD、布林通道等等，是按照已經發生的數字紀錄，來做不同方式的運算。

　　但為什麼有許多技術分析派的投資者，最後仍然賠錢出場？或是研究老半天的結果，卻比不上長線價值投資人？答案很簡單，那就是：**技術分析著重於紀錄歷史的交易數據，適合判斷短線進出時機；基本分析則是中長線趨勢的判斷，兩者同樣重要。**

　　由於技術分析對於每一個進入股市的新手來說，是最容易上手的方法。從過往經驗來看，認為技術分析不實用的人，多數來自新手錯誤的解釋和過度簡化的交易。畢竟股市沒有一套放諸四海皆準的方法，新手投資人容易每天接收到來自財經節目與網路媒體的解盤，那些各式各樣的解盤，無論上漲或下跌都講得頭頭是道，卻沒有一個操作準則。

　　但「線型是可以做出來的」，大盤走勢每天容易受到國際金融市場影響，因此難以精準掌控；而中小型股確實容易受到特定人士控盤，刻意將股價拉高出貨，配合新聞媒體放利多消息，來誤導市場投資人判斷。

　　股票上漲的過程中，第一手賺錢的大多是公司派，因為對自家營運體質和訂單能見度最了解；第二手是勤於 call 公司發現的法人；最後一手才是市場散戶眾所皆知的末升段。所以實務上要用基本面、籌碼面及消息面綜合性評估判斷，才能讓技術分析運用得更有價值。

　　對我而言，技術分析關鍵不在於能預測未來，而是確認當下有效控制風險。買進與賣出股票時有依據，可以在多頭或空頭走勢中，掌握價格的趨勢慣性，因為股市短期漲跌屬於籌碼面的供給問題，其他不能掌握的部分，就透過股市經驗與停損來控制。

　　簡單地說，策略永遠重於預測，先擬定操作策略，才會懂得應對股市突如其來的不確定事件。幾乎所有市場贏家都認同這項觀念：不要全力重壓的預測方向。

　　就像是 2018 年被動元件漲價行情，當年 7 月份國巨（2327）股價最高點來到 1,310 元，沒多久法人說明會傳出，未來產業供不應求狀況將更明顯，被動元件市況基本面仍非常健康，多家外資券商繼續給出 1500 ～ 1600 元以上目標天價，但股價早就領先急轉直下。

　　就連專業研究員、分析師與基金經理人，也可能在市場產業榮枯點誤判行情。當公司的逆風消息還沒被證實以前，公司發言

人也不會對外釋出太差的訊息，等到消息確認後，公司內部人早就將持股大幅度賣出。所以專業本身就存在盲點，更何況是資訊不對等的散戶，如果對行情過度自信而重壓，稍有閃失也會駛得萬年船。

技術分析是幫助我們使交易可以被規劃，而非雜亂無章地憑感覺進出，這才是最危險的。自己對於未來股價漲跌的看法並不重要，因為股市一定存在著無法控制的時刻，重點是後面臨機應變的反應與動作。

漲會到頂，跌也會到底，要了解自己的底線，理所當然也應該要做好最差狀況的心理準備，控制風險後才能讓績效穩定成長。

3-2

E式第一招：量價戰法買在
股價有效起漲點

　　若不去學習認識股票的方法，那麼股票也不會給你機會，這章就幫助讀者從量價結構與箱型理論，來建立股票的基本觀念。

　　成交量是指在某一時段內具體的交易數，K 線圖中成交量的大小，直接表明多空雙方對市場某一時刻的技術形態最終的認同程度。如果成交量集中於同一時間裡，稱為成交密集區；反之，成交量普遍低迷，則被稱為非成交密集區。

　　因此，我們可以運用成交量柱體長成交量較大、柱體短成交量較少的特性，搭配技術面 K 線變化，對未來股價趨勢增加判斷。

　　選擇買進一檔股票時，至少要選擇 5 日均量大於 1000 張以上的股票。**5 日均量低於 500 張以下的股票建議直接略過**，一方面是成交量極小的股票有流動性風險，因為五檔報價掛價量也會比較少，買進與賣出容易成交在價外較不理想的價位。另一方面，量少容易受到特定主力刻意上沖拉抬，或以下洗出貨的方式干預股價，因此有量才有價、沒量就無價。

　　套用一句華爾街名言：「股市裡充斥著各式各樣的騙子，只

有成交量是唯一的例外。」 強勢股表態攻擊幾乎都是明顯出現量增價漲，成交量才是股價背後源源不絕的動能，讓股價能夠直奔雲霄的關鍵。反之，量縮不容易出現波段行情，而成交量也一樣出現某些型態時，能更有效率掌握最佳買賣進出點。

圖3-1 出量的 K 棒決定後市股價方向

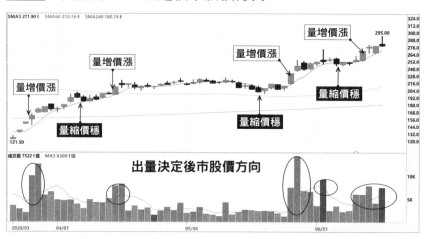

從圖 3-1 可看出，成交量放量的方向能判斷趨勢的持續性（圈內）：成交量越大，代表股價波動幅度可能增強（箭頭往下所標示為量增價漲）；當股價在區間箱型整理中，量減價平視為短線籌碼安定（箭頭往上所標示為量縮價穩）。

3 個量價結構起漲口訣

1. 新高量才容易有新高價

　　新高量容易配合股價創短期新高價，未來仍繼續看漲，期間有機會伴隨股價壓回整理且成交量縮小同時（股價不破前低）。此時，如果成交量出現新高量，且 K 棒為實體紅 K 棒，可以作為起漲點的信號，如圖 3-2 所示。

圖3-2　新高量才容易有新高價

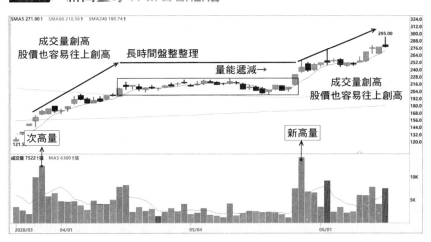

2. 量縮價穩長紅 K 棒，繼續持有

　　當股價拉回且守穩出量長紅 K 棒低點，視為短線清洗籌碼浮額，不跌破支撐情況下繼續持有，如圖 3-3 所示。

接下來以圖 3-3 至 3-6，歸納出簡單的例子來說明「上漲趨勢」與「盤整區間」的成交量型態，投資人才能建立進場的紀律與動機。

股價在區間整理過程中，成交量量增一波比一波小，形成連續遞減量，股價與成交量容易出現背離訊號，成交量在區間整理內出現兩次以上放量，成交量放大代表股價波動幅度可能增強，背後就可能代表主力正在吸籌碼。

投資人不妨觀察區間內量增 K 棒的方向，如果量增 K 棒皆上漲，代表有相當高的機率主力正在吃貨，此時拉回買進就能把握區間量增的紅 K 棒買進。

圖3-3 量縮股價不破長紅 K 棒低點

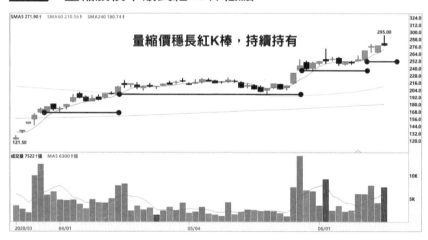

圖3-4　區間整理訊號：量縮股價不破長紅Ｋ棒低點

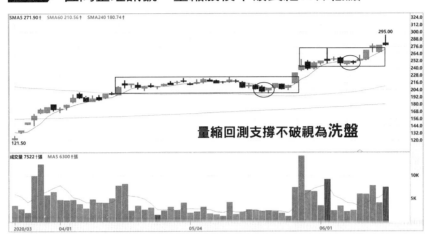

量縮回測支撐不破視為**洗盤**

圖3-5　成交量洗盤量型態

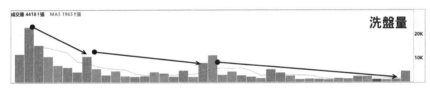

圖3-6　醞釀噴出訊號：成交量洗盤型態＋股價區間整理

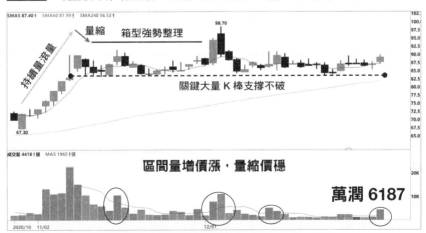

如圖 3-7、3-8，股價在上漲的過程當中，成交量量增一波比一波大，形成連續遞增量，當發現成交量為遞增攻擊量，背後代表籌碼有效換手到特定大戶手中，股價在高檔整理不願惜售，甚至追價意願更勝散戶賣超浮額。此時，就要掌握突破新高第一根紅 K 棒買進。

圖3-7 成交量攻擊型態

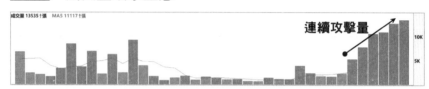

圖3-8 強勢大漲訊號：成交量攻擊型態＋股價上漲趨勢

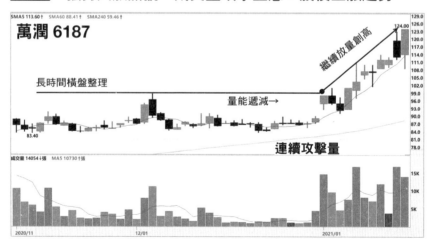

3-3
E式第二招：箱體區間戰法 低買高賣模式

　　站在「主力吃貨」立場，股市中的操作最重要的一步就是「洗盤」。洗盤肯定是每一位投資人的剋星，主力洗盤的方式有很多，例如：清洗短線浮額（當沖與隔日沖客）、吸引新的波段買盤提高市場的平均持股成本，減輕股價繼續突破的壓力，藉此增強籌碼的穩定性。

　　本節介紹箱型區間低買高賣戰法，希望大家在實戰中能夠靈活應用，即便遇到箱型震盪區間也能持盈保泰。

如何定義箱型區間？

　　當股價進入主升段行情，一定會經歷箱型整理→醞釀噴出→強勢大漲→拉回修正，若是要採取拉回買進的時機點，必須把握箱型整理階段。所謂箱型整理階段，是指股價在一段時間反覆測試，當股價回測箱底未跌破，又會再往上測試區間箱頂。

　　但買盤力道不足未能突破，這段期間股價保持下有鐵板上有鍋蓋如圖 3-9，股價在區間有壓力（箱頂）、支撐（箱底）反覆

測試走勢，隨著突破或跌破會再發展另一個箱型，股價在大漲或大跌的起點，都是從股價突破與跌破箱型區間開始。

圖3-9 定義出箱型區間，找出股價合理震盪範圍

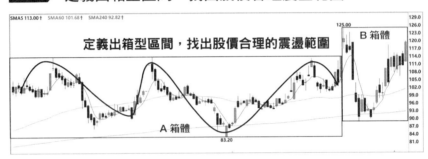

第 1 步：找出第一個高點，定義為「區間箱頂」

先將技術線圖向左邊，找出第一個遇到的高點，並將其定義為區間箱頂的壓力位置，如下圖。

圖3-10 找出第一個高點，定義為區間箱頂

第 2 步：箱頂往右下找出低點，定義為「區間箱底」

接著從這個高點往右下找出第一個低點，並將其定義為區間箱底的支撐位置，如下圖。

圖3-11 箱頂往右下找出低點，定義區間箱底

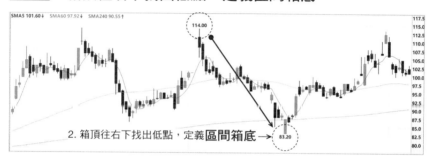

第 3 步：將區間前後延伸，形成目前股價箱體

將箱頂與箱底連結成四邊形的區間後，慢慢將箱型區間前後延伸到包住所有 K 棒，如此就能定義出目前股價的箱型區間。老手投資人可以直接目測，而新手投資人，建議可以使用許多券商都有提供的畫圖工具，以矩形工具畫出箱體輔助分析，如下圖。

圖3-12 將區間前後延伸成目前的股價箱體

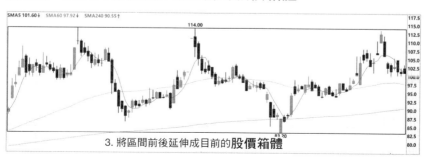

3-4

實戰K線圖1：
多頭與空頭箱型型態

　　當股價到達箱頂或箱底時，經常會形成獨特的型態。型態分析的方法非常簡單，不管是新手或中高手投資人，都能學會用線形進行分析的方法。

　　首先也是最重要的，就是記住這些線形的型態，藉此能夠在股價尚未表態前洞燭先機，當股價突破或跌破箱型區間後，提升交易的勝率。

　　主力推升股價時機點，容易與「每月營收、每季財報或利多消息」進行完美搭配。如此一來，股價容易呈現波段式階梯上漲，表示主力可以在換手過程中進行低買高賣，有效降低主力成本，這是主力緩慢推高股價的建倉方式。

　　隨著建倉完畢，主力進行刻意打壓股價，造成股價行情連續起伏，我們可以用方框一段一段的分開來。「多頭階梯式箱型」容易呈現箱型區間上漲，每一次區間整理平台不重疊，且箱底越墊越高、箱頂越墊高越高。

　　相反情形為，「空頭階梯式箱型」容易呈現箱型區間下跌，但高度逐漸降低的箱型，意味多方護盤力道不足，且下跌壓力越

來越大，導致形成如階梯下降的箱型型態。圖 3-13，為多頭與空頭的階梯箱型圖形範例。

圖3-13 多頭與空頭的階梯箱型圖形

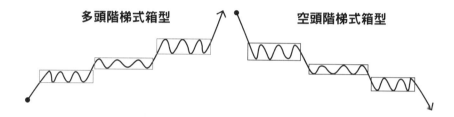

多頭階梯式箱型　　　　　　　　空頭階梯式箱型

箱型型態分析的 2 個重要面向

面向 1：成交量

　　成交量可以用來判斷一支股票究竟賣得多還是賣得少，雖然股票的成交量幾乎每天都不一樣，但股價從低檔爆大量緩慢推升，並在波段的高位相對量能萎縮。

　　在高檔長期橫盤，用時間消磨投資者持股信心，技術面角度搭配量價關係，經常製造誘多誘空 K 線加劇持股的心理壓力。股價在區間整理過程中，成交量能容易急速萎縮於 1000 張以下，維持橫盤之勢，等待利多消息藉助市場人氣推高股價。

面向 2：箱型的箱頂和箱底

　　箱頂和箱底各有其代表的意義，所謂的箱頂就是股價上升到

箱體的頂部時，會受到賣盤的壓力。相反地，箱底則是股價滑落到箱體的底部時，會收到買盤的支撐。俗話說「打底百日、做頭三日」，箱型越長越有利，而箱型整理時間越短，往往突破行情也只是短天期，其中定義箱型強弱程度為箱頂至箱底振幅。

1. 箱體強勢整理：15% 以內
2. 箱體半強勢整理：15% ～ 25%
3. 箱體弱勢整理：25% 以上

圖3-14 箱型弱勢整理與箱型強勢整理比較

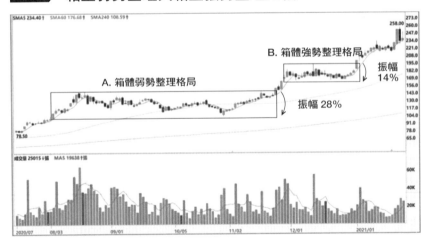

箱型分析的優勢，在於不僅僅是以一天或幾天的 K 線數據為研究對象，而是合理規畫支撐與壓力，對裡面所有 K 線進行技術或籌碼分析，讓決策更全面性。其精髓在於，一旦股價有效

突破原箱體的頂部或底部，原箱體的頂部或底部將成為重要支撐或壓力，此時股價容易出現波段行情。

　　多頭格局常見的階梯式箱型，其判斷方法為：當股價隨著每一波紅 K 棒突破，且不跌破的情況下，將 A、B、C 箱型持續越墊越高，應把握每一波箱型整理的買點，直到 K 棒收盤價跌破箱底視為趨勢反轉，當作波段停利或停損的判斷，如圖 3-15 所示。

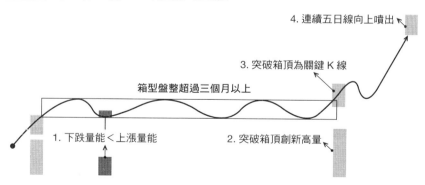

圖3-15　多頭型態 1：階梯式上漲

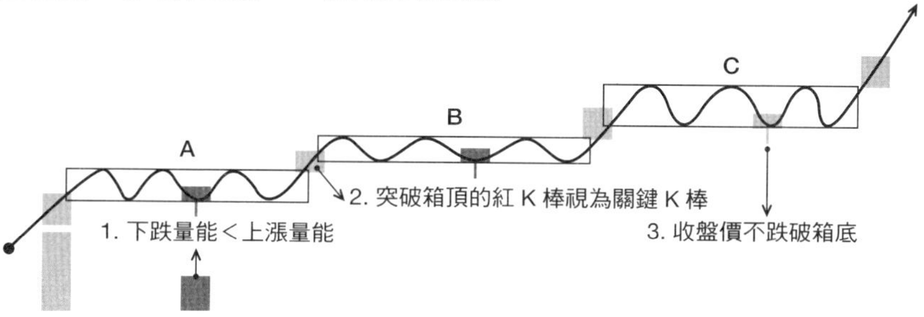

C

B

A

1. 下跌量能＜上漲量能

2. 突破箱頂的紅 K 棒視為關鍵 K 棒

3. 收盤價不跌破箱底

圖3-16　多頭型態 2：爆發式上漲

4. 連續五日線向上噴出

3. 突破箱頂為關鍵 K 線

箱型盤整超過三個月以上

1. 下跌量能＜上漲量能

2. 突破箱頂創新高量

3-5

實戰K線圖2： 主力出貨箱型態

出貨箱1：箱體弱勢整理＋巨量長黑K棒

巨量長黑 K 棒，指的是定義箱頂的 K 棒為實體長黑 K 棒，遇到這種情況，第一個高點形成後成交量通常是最高的。但來到第二個高點時，成交量不僅沒有更加上升反而逐步減少，搭配區間弱勢整理，就暗示著買進力量正在節節敗退。

弱勢整理常見如圖 3-16，股價會跌破第一個高點和第二個高點，連結形成下降趨勢線，如此就會定義成出貨箱型。即使股價看似量縮守穩在箱底之上，但成交量卻遲遲無法放量往箱頂上攻的情況下，主力以盤代跌慢慢進行出貨，絕對不可以在此時買進。反而，當看到季線進入箱體內，代表季線進入鈍化，此時開始減碼持股非常重要，若股價跌破箱底就必須全部賣出。

出貨箱2：箱體弱勢整理＋季線走平下彎

區間弱勢整理，搭配季線開始進入鈍化，呈現鋸齒狀來回震盪的過程中，這裡容易變成股價轉弱下跌趨勢的起點。因為均線下彎速度慢，不容易察覺，季線能清楚發現一個平緩的山形，**初**

圖3-16　箱體弱勢整理格局：巨量長黑 K 棒壓住箱頂＋箱體
內下降趨勢線

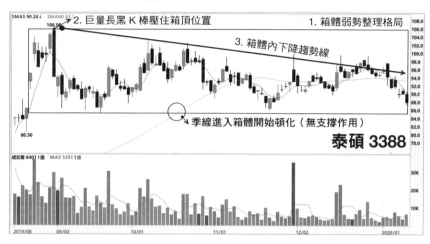

圖3-17　箱體弱勢整理格局：K 棒同步破季線和箱底，反彈
回季線勿買

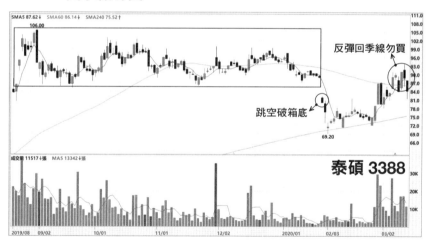

學者最該注意的是，當箱型區間整理超過三個月時間以上，季線
進入箱內會開始鈍化，此時，季線切勿當作買進依據。

當股價跌破季線後就一定要小心，因為有相當高的機率是主

力正在邊拉邊出引誘散戶進場，等到發現的時候，股價往往可能
已經跌破箱底。實戰操作上，季線開始下彎時應立即減碼，萬一
股價跌破箱底就必須全部賣出，這點務必要留意。

圖3-18 **K 棒橫盤整理超過三個月，季線走平鈍化無支撐作用**

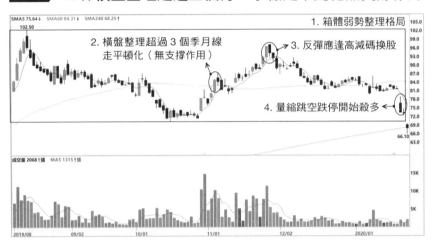

圖3-19 **K 棒同步破季線和箱底 + 季線下彎，做頭完畢**

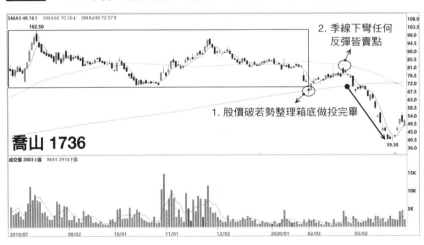

3-6
實戰K線圖3：
箱型突破週期與期望報酬

　　股價波動不是只有「上漲」與「下跌」的趨勢盤，反而七成以上的時間，股價都是在「箱型橫盤整理」為主，而買進在箱型區間的優點是「能夠有效控制回檔風險」與「拉低成本的優勢」。但箱型整理盤一定會比突破趨勢盤來得需要耐心，所謂的洗盤停損、追高殺低、多空雙巴等交易狀況，都是出現在這個時候，所以本小節要幫助大家歸納技術面，突破箱頂的期望報酬。

　　投資人普遍最容易遇到的交易問題是：出場時機點賣在波段行起漲點，再眼睜睜看著股價連續大漲上去。其實只要多點耐心把股票至少放置一個月，或許就能輕鬆抱住買單並增加獲利。因為箱體整理很久才做突破行情目標，通常不會只有一點點，假設箱型整理超過 3 個月甚至半年以上的時間才做突破，行情目標很容易出現有 +20% 以上的漲幅。

3種時間週期與期望報酬

　　從技術面角度來說，越大層級的時間整理突破，合理預期股價突破後的波段漲幅就越大，天下沒有絕對穩贏的交易方法，但

是每一筆交易都運用量價結構，加上箱體基本觀念與紀律和時間來執行，長期下來都能夠贏多輸少。因此，買進後或突破加碼時，可以經由以下 3 種時間週期與期望報酬，增加我們的交易信心。

● **3 個月內箱體突破**

　　箱體整理週期為 1 ～ 3 個月以上（建議 2 個月以上較佳），中長紅 K 棒突破箱頂位置，未來一個月內期望報酬約 +15% ～ +20% 以上。

● **3 個月到半年箱體突破**

　　箱體整理週期為 3 ～ 6 個月之間，此時季線（60MA）進入箱體內產生均線鈍化，若以中長紅 K 棒突破箱頂位置，期望報酬約 +20% ～ +30% 以上。

● **超過 1 年以上的大底部突破**

　　箱體整理週期超過 1 年以上，若以中長紅 K 棒突破箱頂位置，行情一旦發動後，容易出現期望報酬約 +30% ～ +50% 以上，甚至股本小於 20 億的中小型股，容易有驚為天人的倍數行情。

　　以上 3 種時間週期與期望報酬，整理如下圖。

圖3-20 箱型突破週期與期望報酬

箱體整理週期為1~3個月以上 +15%
（箱型區間內皆可買進佈局）

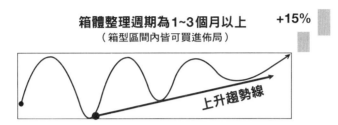

1. 箱體整理週期為1~3個月以上（建議2個月以上較佳），中長紅 K 棒突破箱頂位置，未來一個月內期望報酬約+15%~+20%以上。

箱體整理時間約3~6個月之間
（箱型區間一半價位以上佈局）

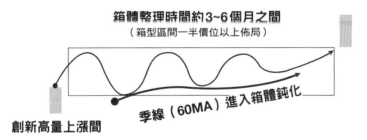

季線（60MA）進入箱體鈍化

創新高量上漲間

2. 箱體整理週期為3~6個月之間，此時季線（60MA）進入體內產生均線鈍化，若以中長紅K棒突破箱頂位置，期望報酬約+20%~+30%以上。

箱體整理週期超過 1 年以上
（建議等待突破買進才不會浪費時間等待）

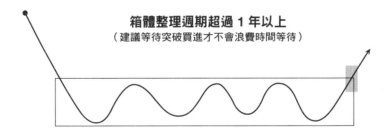

3. 箱體整理週期超過1年以上，若以中長紅K棒突破箱頂位置，行情一旦發動後，容易出現期望報酬約+30%~+50%以上，甚至股本小於20億的中小型股，容易有驚為天人的倍數行情。

3-7
實戰 K 線圖 4：
主力進貨箱型態

進貨箱1：箱體強勢或半強勢整理＋上升趨勢線

　　箱體內出現上升趨勢線，容易導致散戶認為是主力逢高出貨的打壓行為，殊不知主力採取的是「低買高賣」或「分批低接」緩慢推高股價，以時間換取空間的建倉作法。當 K 棒隨著箱體內上升趨勢線越拉越高、逼近箱頂，搭配營收、獲利與產業利多消息公告的時間點當作催化劑，利多消息公告後增加市場追價意願，此時主力已經吃貨完畢，就能直接點火將股價向高點推升。

圖3-21 箱體內出現上升趨勢線

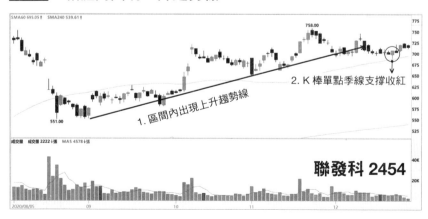

圖3-22 箱體整理 3 ～ 6 個月以上，K 棒突破箱頂後漲幅達 31%

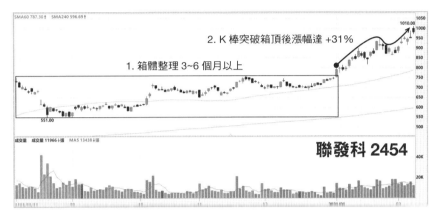

進貨箱2：箱體強勢或半強勢整理＋爆出新高量的紅K棒

　　箱體強勢或半強勢橫盤整理過程中，特別是箱體振盪幅度壓縮在 20% 以內振幅，容易是主力開始吸收市場中的浮動籌碼，也就是教科書俗稱的「主力吃貨」。

　　股價經過一段時間的潛伏後，如果箱體區間內爆出量增價漲的新高量紅 K 棒，能夠視為股價創高前的起漲訊號，當箱頂突破後，後期的上升趨勢將會強而有力。

圖3-23 箱體內爆出新高量的紅 K 棒

圖3-24 箱體整理 1 ～ 3 個月以上，K 棒突破箱頂後漲幅達 57.5%

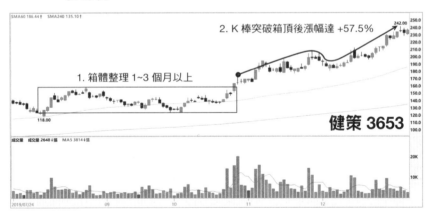

第 4 章

挑飆股，教你不踩雷的
「股價評價模式」

4-1
股價評價的4大重點指標＋分批買進，穩賺差價！

　　講到長期投資，很多人都會提到基本面的價值投資方法，坊間書籍已經有許多論述。簡單來說，**長期投資有二項關鍵核心**，**一是「股價的評價模式」**，當我們在買進一檔股票的時候，需要知道股票的實際價值與未來的成長性，是否足以使股價連續大漲。

　　二是避免一次性的重壓，做好「分批進場」的觀念。因此長線操作一定會注重以下 4 項數據指標，以增加我們的交易勝率，分別是：每股盈餘（EPS）、殖利率、配息率、本益比（PE）。各項公示如下：

1. 每股盈餘 ＝ 股價 ÷ 每股獲利
2. 殖利率 ＝ 每股股利 ÷ 股價 ×100%
3. 配息率 ＝ 每股股利 ÷ 每股盈餘 ×100%
4. 本益比 ＝ 股價 ÷ 近四季每股盈餘

　　本益比是最常用來衡量股價實際位階的判斷標準，「本」

是指買進股票的成本，「益」是指公司一年的每股稅後純益（EPS）。投資人參考本益比最大的盲點是，不知道每股盈餘該取「已實現的每股盈餘」還是「新年度預估每股盈餘」，兩者背後的意義完全不一樣。

因為就成長股投資而言，要找出未來價值會快速成長的股票，就需要預估每股盈餘。當我們買進一檔成長股後，若公司營運出現爆發性成長，此時若只用「過去式」的獲利去估算，本益比容易嚴重高估，最終眼睜睜空手看著股價飆漲。

本益比在不同的產業、時空背景與成長利基中，都會影響其評價高低。例如：加權指數在多頭格局裡，個股給的本益比評價容易給的較高；相反地，空頭格局的保守氣氛會降低本益比評價。

因此，低本益比並不代表股價相對處在便宜的位置，很有可能是法人機構與主力，已經預期基本面要走下坡所產生的結果。站在未來的角度來觀察，現在的本益比可能還算高，不同產業的本益比評價基準容易天差地遠，沒有一定標準。

4-2
範例：業績高速成長的聯發科，還能買嗎？

　　成長股投資人買進股票，因為相信價值會快速成長，足以使股價大幅上漲。如果一家公司充滿高度成長性與產業能見度，本益比自然容易超過 20 倍以上，表示市場資金願意投資更多錢，來買進公司的未來成長空間。

　　如圖 4-1，2020 年 IC 設計龍頭聯發科（2454），在台積電奧援 5G 手機晶片，隨著全球手機回溫和中國市場主導的狀況下，加上產品本身高性價比策略奏效，本益比評價拉高至 25 倍到 30 倍。

圖4-1 聯發科本益比河流圖

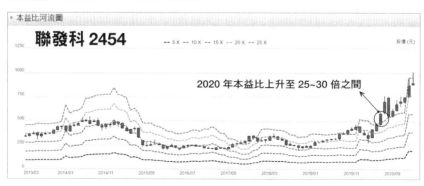

圖4-2　聯發科 2020 年獲利倍數成長,股價突破千元

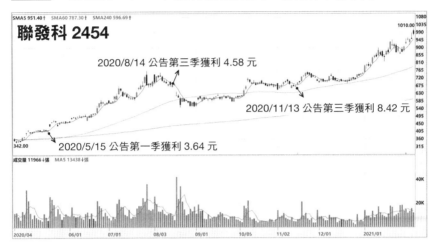

聯發科 2454

2020/8/14 公告第三季獲利 4.58 元

2020/11/13 公告第三季獲利 8.42 元

2020/5/15 公告第一季獲利 3.64 元

4-3
篩選出，高殖利率、高配息率、低本益比的成長股

　　全球低利率的金融環境下，高配息率（近五年現金股利配息率 >70%）與高殖利率（近五年平均殖利率 > 6%）的股票，容易吸引到中長線價值投資人與法人機構買盤進場卡位。甚至金融市場波動劇烈或進入空頭行情時，從殖利率公式可以知道相同現金股息下，股價與殖利率呈反比，股價越低殖利率越高。

　　反之，股價越高殖利率越低，股價甚至跌到本益比 10 倍到 12 倍區間，擁有高殖利率、高配息率保護下，能夠迅速止跌回穩，股價具有易漲難跌的特性。

　　因為站在長期投資角度，如果公司每年高配息率（近五年現金股利配息率 > 70%）與高殖利率（近五年平均殖利率 > 6%）的股票，當買進價格越便宜且長期持有下，每年都可以享受被動式收入來源，對於年紀稍長或風險承受度較低的投資人來說，是一個不錯的投資策略。

　　每年第二季股東會旺季來臨前，也是各家公司召開董事會決定股利政策的時候，殖利率議題就會浮上檯面，投資人可找一些高股息殖利率的股票，作為長期投資標的。

資訊補充站

投資人如何取得「高殖利率、高配息率」選股清單

STEP 1：Google 搜尋「Goodinfo!台灣股市資訊網」
STEP 2：進入首頁後左方選單點「股票篩選」
STEP 3：輸入「選股條件」後點擊「查詢」，選股條件範例如下圖。

圖表來源：Goodinfo! 台灣股市資訊網

　　此時要注意下列兩個重點：第一，該股票必須每年穩定配息（近五年現金股利配息率 >70%），不可以某一年配很多、某幾年卻配得很少。第二，如果每股配息大於當年度每股盈餘（EPS），那麼配息之中，應有部分是從資本公積中發放出來，有「挖老本」來配給股東的疑慮，投資人有必要調出過去的配股資料。

　　以影音及高速傳輸介面 IC 商的聯陽（3014）為例，就長期投資條件來觀察，近五年平均殖利率都在 7% 水準之上、近五年

平均現金股利配發率接近在 100% 水準，本益比穩定維持在 10
倍到 15 倍之間。

　　該年度居家辦公與遠距教學，成為後疫情時代的產業趨勢，
遠距教學大多以行動上網為主，進而推升聯陽 PC、NB、顯示器
等產品強勁的備貨需求，全年營收與獲利維持成長態勢。即使
2020 年 3 月新冠病毒疫情席捲全球金融市場，股價反而見到最
低點，並且一個月之後股價立即創新高。

　　如圖 4-3，2020 年 3 月因為新冠疫情爆發導致全球恐慌性股
災，聯陽的股價本益比仍穩定在 10 倍到 15 倍之間。且在高殖利
率、高配息率條件保護下，遇到全球性股災過後能夠迅速止跌回
穩，並且一個月後股價立即創新高，如圖 4-4。

　　以強固型電腦大廠神基（3005）為例，2019 年受子公司華

圖4-3 聯陽本益比河流圖

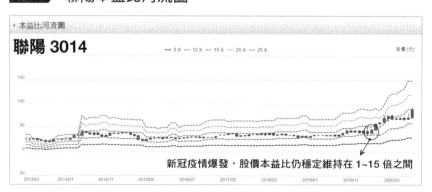

新冠疫情爆發，股價本益比仍穩定維持在 1~15 倍之間

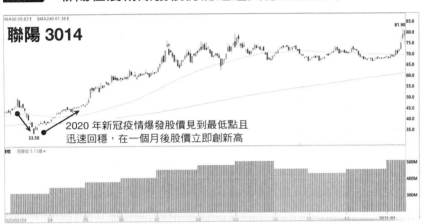

圖4-4 聯陽在疫情爆發後仍能迅速回穩並創新高

孚爆炸案與美中貿易戰影響獲利下滑，但神基公司體質穩健、現金充沛，外加長達十年都維持高現金股利政策，即便全球金融市場有偶發性恐慌賣壓，本益比位階仍能穩定維持在 10 倍到 15 倍之間。

　　公司的營運狀況不會一朝一夕內急速改變，近十年平均現金股利配發率 88%。當 2020 下半年疫情和緩後景氣恢復，神基業績恢復過去雙位數成長，高毛利率的強固電腦出貨不斷增加，且市佔率穩定提升。

　　如圖 4-6，當年度每股稅後盈餘（EPS）4.4 元、配發每股現金股利 3.6 元雙雙創歷史新高，站在長期投資角度高殖利率、高配息率與低本益比條件下，能有易漲難跌的特性。

圖4-5　神基本益比河流圖

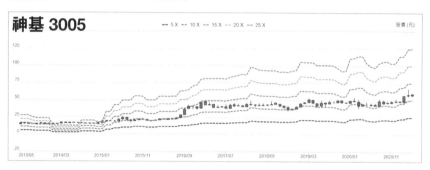

【補充說明】
高殖利率、高配息率條件能夠易漲難跌，近五年本益比穩定在 10 倍到 15 倍之間。

圖4-6　神基月 K 線圖

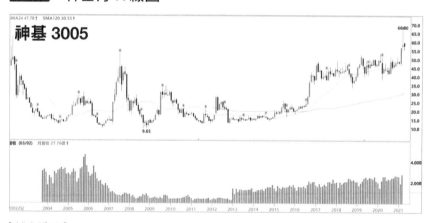

【補充說明】
神基年度每股稅後盈餘（EPS）4.4 元，配發每股現金股利 3.6 元雙雙創歷史新高，股價也同步創掛牌新高。

4-4
篩選出，高獲利、高配息率、每股盈餘創新高的成長股

　　高獲利、高配息率個股，顧名思義是原本為穩定獲利價值股，因為公司體質發生質變，產生出更強勁的成長動能，獲利能力轉為爆發性指數型向上成長，而高獲利的定義為獲利超過一個股本的公司。

資訊補充站

Goodinfo網站高獲利、高配息率、每股盈餘創新高選股條件範例

圖表來源：Goodinfo! 台灣股市資訊網

　　因為股票的面值是每股 10 元，當每股盈餘（EPS）賺 10 元，一般稱這種情況為「賺了一個股本」，常見於公司搭上新的產業趨勢，商機興起，加速上、中、下游產業鏈蓬勃發展，透過新產品、新應用、新技術、外部併購或策略合作等，達到新的成長格局。

　　致新（8081）受惠新冠疫情下居家辦公及遠距教學的產業趨勢，面板相關電源管理 IC 需求暢旺，使得 2020 年全年每股盈餘（EPS）達到 12.24 元，獲利突破一個股本。即使股價為百元俱樂部，如果以價值長期投資條件來看，近五年平均殖利率都在 6% 水準之上，現金股利配發率接近在 100%，每股盈餘持續成長上升讓股價穩定創高（股價↗＝本益比↗×每股獲利↗），本益區間從原本的 10 倍到 15 倍調升到 13 倍到 17 倍。

　　價值與成長性兼具的個股優勢在於進可攻、退可守，股價下跌時能夠吸引價值型投資人買盤，中長線股價創高動能來自於公司營運成長訊號確立，也能用積極成長股評價。

圖4-7 致新本益比河流圖

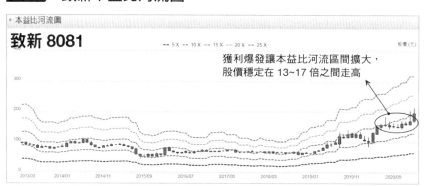

圖4-8 致新 2020 年第一～三季獲利

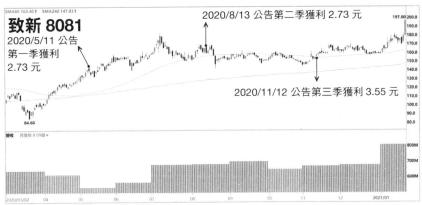

SMA60 163.40 ↑　SMA240 147.03 ↑

致新 8081

2020/5/11 公告
第一季獲利
2.73 元

2020/8/13 公告第二季獲利 2.73 元

2020/11/12 公告第三季獲利 3.55 元

營收　月營收 8.09億 =

　　以漢唐（2404）為例，漢唐為台積電重要供應商無塵室長期配合公司，隨著台積電每年持續擴大資本支出，在手訂單金額持續創新高，使得 2020 年全年每股盈餘（EPS）達到 14.77 元獲利，突破一個股本。近五年平均殖利率都在 8% 水準之上，現金股利配發率接近 96.8%。

　　而漢唐多年都維持高現金股利政策，有利於當年度的填息行情速度，當股價除息後，公司的市值與股價也會等幅下降，長期投資買盤願意再投入資金加碼，讓股價能夠有效率的完成填息。

圖4-9 漢唐近五年股利政策、殖利率與盈餘分配率統計

股利政策			殖利率統計		盈餘分配率統計		
股利 發放年度	股東股利 （元／股）	填息 日數	股價 年度	年均 殖利率 （％）	股利 所屬 期間	EPS （元）	盈餘分配 率(%)
2021	17	-	2021	7.06	2020	21.16	80.3
2020	13	17	2020	6.55	2019	14.77	88
2019	10	4	2019	7.02	2018	9.42	106
2018	5	107	2018	9.61	2017	5.1	118
2017	6	106	2017	10.1	2016	6.52	92

圖4-10 2020 年漢唐 17 個交易日內完成填息 14.77 元

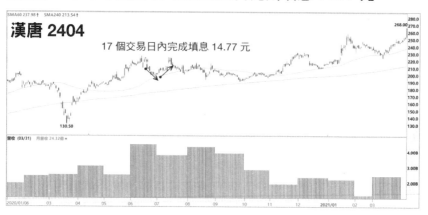

4-5

提醒：成長股好貴，買不下手？ 這樣算本益比才對！

　　只用傳統本益比容易失真，主因在於沒考慮到未來的成長性。例如一家企業有二至三年都賺 2 至 3 元，第四年時跳升至 5 元，這時你推估股價給的本益比，自然不該與前幾年相同，然而這一點常被投資人忽略，以至於目標價設定較低而過早出場。

　　要克服上述的問題，可以使用**預估本益比（PE）＝股價／預估未來 12 個月每股盈餘（EPS）**。簡單地說，一家公司的本益比評價，應跟隨其營收與獲利成長率同步調升，對成長股來說，比單純使用本益比更貼近事實。

預估每股盈餘（EPS）的原因為以下 2 點：

1. 預估 EPS > 去年 EPS （方便判斷今年度營收成長趨勢不變）
2. 計算出未來相對便宜價、合理價、昂貴價

　　實戰操作上除了需要經驗綜合性去評價，還可以每天另外收集各大券商的研究報告，理解當前時空背景的個股產業趨勢與評價模式。研究報告的來源可以分為國外外資與國內相關法人機

構，一般投資人較不容易取得外資報告。反之，國內的法人機構報告，只需要透過開戶，就能取得開戶券商撰寫的每日晨報與不定期研究報告，例如：永豐證券、宏遠證券、統一證券、國票證券、凱基證券等等，內容都相當豐富。

另外，可以參考「XQ 操盤高手」或「籌碼 K 線 PC 版」中的法人目標功能。以圖 4-11 的籌碼 K 線 PC 版為例，它的功能是能夠針對單一個股，統整近 90 天的法人研究報告所預估的目標價，與當年度預估每股盈餘。

既然是預估就會有假設的基礎，實戰操作上建議先找出可以達成的最保守獲利數字，針對當前本益比位階得出一個合理的目標價，然後配合每一季財報公告後，一步一步動態修正評價看法。

多數投資人會認為，法人機構出研究報告的目的，大多都是為了出貨，這是股票討論群組常見的盲點，看待股價趨勢只用短線一兩天 K 棒走勢，來決定未來方向。通常法人報告的看法依據，是以未來一年內的獲利預期推算出的目標價，雖然短期可能會受到籌碼的影響，但股價最終還是要反應中長線基本面應該有的價值。

例如：矽創（8016）在 2020/12/18 統一證券以目標價 195 元給予買進評等，股價在未來 2 個月內順利漲至 195 元，且從籌碼面來觀察可以發現外資與投信買賣超指標，都一致站在買超，甚至 2021/2/18 將目標價上修至 253 元。

當再次出報告時，只要技術與籌碼面慣性一致向上，報告就

圖4-11 籌碼 K 線 PC 版法人目標功能

籌碼分析	體檢表	重大事件	新聞	分離追蹤	法人目標(709元)			
2330	台積電	625元 ▼16 (-2.5%)						

目標價 ?　　　　　　潛在報酬

709 元　　　　　　**▲13.4** %

最近 90天 ∨ 有 24 份報告，其中【23家看好】

報告清單

發佈	機構	目標價	看法	EPS	調升%	EPS (明年)	EPS (前次)
02/01	花旗美邦證券	900	Buy	22.4	-	0.0	25.4	22.4
01/22	CSFB	650	Maintain OUTPERF...	21.0	-	0.0	24.5	21.0
01/22	國票	787	買進	23.3	▲	6.9	26.3	21.8
01/22	摩根士丹利證券	708	Overweight	23.3	-	0.0	27.3	23.3
01/21	群益證券	684	買進	20.0	-	0.0	23.2	20.0
01/18	ALETHEIA	1000	Buy	21.8	▲	29.8	25.2	16.8
01/15	HSBC	845	MAINTAIN BUY	24.2	▲	4.8	28.2	23.1
01/15	第一金證券	710	買進	20.0	▲	1.0	21.5	19.8
01/15	元富證券投顧	680	BUY	20.0	▲	19.8	22.4	16.7

花旗美邦證券 歷史報告　　　　　　　　　　　　　　　清除

發佈	目標價	看法	EPS	調升%	EPS (明年)	EPS (前次)	預測 年度	機構
2021/02/01	900	Buy	22.4	-	0.0	25.4	22.4	2021	花旗美邦證券
2021/02/01	900	Buy	20.0	-	0.0	22.4	20.0	2020	花旗美邦證券
2021/01/14	670	Buy	22.4	▲	0.4	25.9	22.3	2021	花旗美邦證券
2021/01/14	670	Buy	20.0	▲	1.0	22.4	19.8	2020	花旗美邦證券
2021/01/08	670	Buy	22.3	-	0.0	26.2	22.3	2021	花旗美邦證券
2021/01/08	670	Buy	19.8	▼	-1.0	22.3	20.0	2020	花旗美邦證券
2020/12/03	607	Buy	22.3	▼	-0.4	25.2	22.4	2021	花旗美邦證券
2020/12/03	607	Buy	20.0	▲	7.0	22.3	18.7	2020	花旗美邦證券
2020/08/21	536	Buy	18.7	▲	14.0	20.6	16.4	2020	花旗美邦證券
2020/07/13	408	Buy	16.4	▼	-0.6	19.2	16.5	2020	花旗美邦證券

圖表來源：籌碼 K 線 PC 版

有一定的參考性，那麼法人預估 2021 年每股盈餘 11.5 元、目標價 253 元，本益比推算為 22 倍（253/11.5=22），以近五年本益比河流圖來觀察，今年獲利來判斷確實有高估的可能性。

　　但如果以隔年 2022 年每股盈餘 18.1 元、目標價 253 元，本益比推算約為 14 倍，也只是剛好在合理價而已，至於適不適合買？買了願不願意放超過一年以上？這個問題就見仁見智，留給讀者思考了。

以圖 4-12 為例，矽創股價受法人買盤推波助瀾情況下，統一投顧的目標價皆達標，因此，觀察研究報告是否有參考價值，可以搭配籌碼面外資與投信買賣超，當外資與投信同步買超，那麼目標價就容易達標。

參考法人報告的優點為，研究部門的估計準確度會比一般投資人預估的還要全面與完整。以經驗來看，如果股價順利站穩目標價或是公司獲利超乎預期，都會再次重新評等，上修新的目標價位與看法，而投資人心態上應保有思考的習慣，大膽假設、小

圖4-12 研究報告是否有參考價值，建議搭配籌碼面法人動向觀察

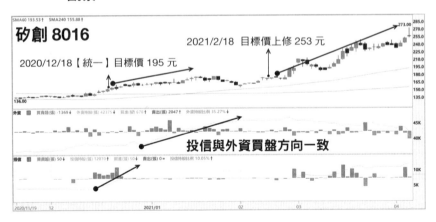

圖4-13 2020/12~2021/02 統一投顧對矽創出具二次報告內容

統一證券歷史報告							
發佈	目標價	看法	EPS		調升%	EPS（明年）	EPS（前次）
2021/02/18	253	買進	11.5	△	6.5	18.1	10.8
2020/12/18	195	買進	10.8	▼	-10.7	14.0	12.1

心求證。

　　反之，雖然主力與法人消息神通廣大，但參考法人報告的缺點是，可能會因為盤面變化提前出貨。造成目標價與股價只剩5%以內的空間提前出貨，甚至盤中股價剛好點到目標價，變成主力出貨目標價立刻下殺反轉，如下圖4-14胡連（6279）範例，此時，就要注意量價結構與法人籌碼變化。

圖4-14 胡連股價第三次成功到統一投顧目標價，技術面立即爆大量下殺反轉

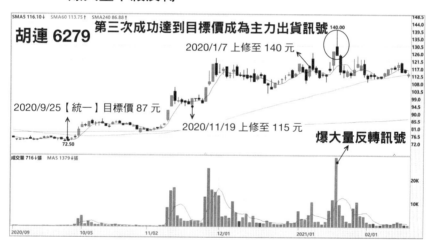

圖4-15 2020/9~2021/1 統一投顧對胡連出具三次報告內容

統一證券歷史報告							
發佈	目標價	看法	EPS		調升%	EPS（明年）	EPS（前次）
2021/01/07	140	買進	5.5	△	5.8	7.8	5.2
2020/11/19	115	買進	5.2	△	26.8	7.2	4.1
2020/09/25	87	買進	4.1	△	2.5	5.8	4.0

第 5 章

用 K 線＋籌碼，
教你跟單主力完整攻略

5-1
用4大K線分析，找出買進訊號（順趨勢）

　　買賣股票首先要確認趨勢和方向，其次才是買賣時機點的掌握。引用一句股市名言：「價值可能會遲到，但從不缺席。」一檔股票的趨勢和方向，可以由基本面來掌握，公司獲利向上，股價趨勢往上；公司獲利向下，股價趨勢往下。

　　由於基本面相對於技術與籌碼面複雜且難入門，多數投資人沒有判斷基本面的能力的情況下，就可以靠技術面來掌握中長線

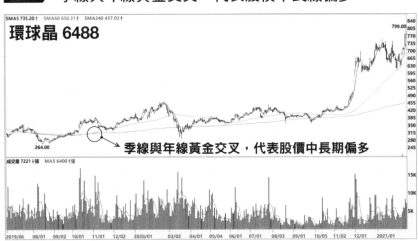

圖5-1 季線與年線黃金交叉，代表股價中長線偏多

方向。以技術面來說，有最重要的兩條線，一是季線 60 日移動平均線、二是年線 240 日移動平均線。

　　當一家基本面進入加速成長階段的公司，股價趨勢向上必定會伴隨著季線與年線黃金交叉且兩線翻揚向上，相對於當我們要買進一檔股票時，用「季線與年線黃金交叉且兩線翻揚向上」這道長線多頭濾網來把關，如此就達成長線保護短線的原則。

　　在這前提之下，我們盡可能從短線角度尋找最佳買進點。這裡雖然說是買點，但指的不是一個特定價位，而是買進的訊號。

　　操作股票的買進方式大致上可以分為「突破買進」與「拉回買進」，但多數投資人實際面對上述兩種情境時，心裡容易想的是：「股價突破後都漲這麼高了，怎麼追的下手」、「股價修正這麼多，根本沒有信心拉回買進」。要破除人性弱點，建議先採取波段操作策略，因為**股價什麼時候發動漲勢，是由市場來做**

圖5-2　**買在箱體內為拉回買進，買在突破箱體後為突破買進**

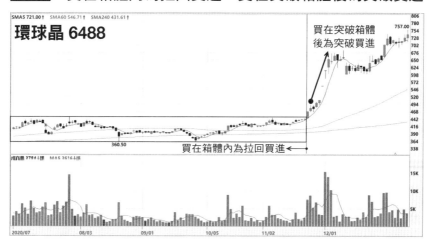

決定，我們能做的是著眼於未來趨勢卡位佈局。

　　買進一檔股票總有看好的理由，例如：下一個月營收持續將成長或營收逐季成長看好，如果股價發動比預期的早，代表市場買盤與自己看法一致，藉此設定操作週期搭配市場變化滾動式修正看法，有助於強化自己買賣股票經驗與判斷趨勢的邏輯能力。接著就針對「突破買進」與「拉回買進」這兩種狀況詳細介紹 4 個買進訊號。

買進訊號 1：股價突破與回測季線

　　當股價突破或拉回季線 60 日移動平均線，投資人可以伺機進場。這裡有兩個重點：一個是 60 日移動平均線上揚，另一個則是上市櫃公司財報。在公司營收與獲利沒有疑慮的情況下，「股價會在 60 日移動平均線之上」和「季線上揚」兩項條件必須同時成立，當出現這種情形，表示投資人能夠買到中期趨勢向上的股票。

　　季線被稱為是「股價生命線」，顧名思義，60 日均線是多頭的最後防線，如果一檔經過主升段行情的股票，股價才剛跌破翻揚向上季線，有相當高的機會是暗示公司營運成長性趨緩，甚至是準備轉為淡季，那麼未來行情就不容樂觀。相反地，如果在 60 日均線附近得到強力支撐的話，相對容易買在行情的初升段。

　　如圖 5-3 以凡甲（3526）為例，若股價才剛谷底翻揚站上 60 日均線，積極投資人可以直接跟進，保守投資人可以等到股價回測 60 日均線附近守穩得到支撐買進。

圖5-3　股價突破與回測季線範例 —— 凡甲

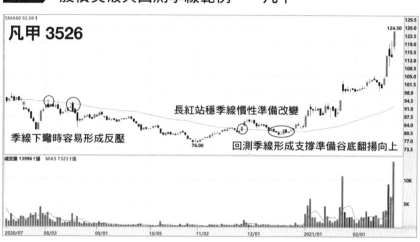

買進訊號 2：股價帶量突破箱頂

　　首先，要知道突破買進的本質是「追漲」，背後邏輯為股價能夠突破箱頂壓力，等於是原本上檔套牢的賣壓成功消化「壓力轉為支撐」，同時吸引到新的波段買盤來進場加碼。站在新加入者而言，突破箱頂的價格等於是他們的成本區，減輕股價繼續突破的壓力，藉此增強籌碼的穩定性。

　　如果資金允許的話，最好採取「分批進場」，分批進場目的除了規避一日行情之外，也可以避免時間成本的浪費。有時候主力還會利用突破箱頂的紅 K 棒進行量縮洗盤，這常發生於大型股與權指股，特別是有「追漲股價隔天就害怕股價下跌」的心理陰影，就可以等到股價回測箱頂支撐收紅 K 棒買進。

圖5-4 股價帶量突破箱頂範例──宏捷科

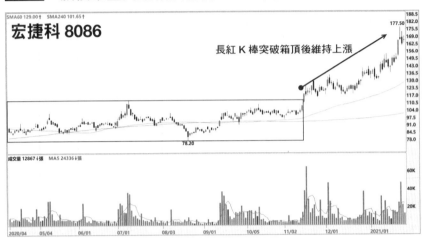

如下圖宣德（5457）的例子，除了突破箱頂後才進場的買點之外，也可以在股價接近箱頂＜3% 的距離前事先建立部位。

圖5-5 股價帶量突破箱頂範例──宣德

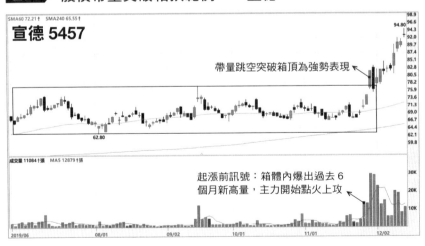

圖5-6 箱頂突破壓力轉為支撐示意圖

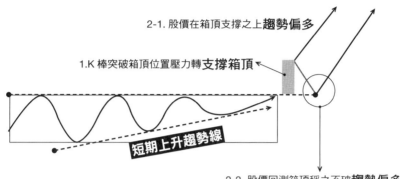

2-1. 股價在箱頂支撐之上**趨勢偏多**

1.K 棒突破箱頂位置壓力轉**支撐箱頂**

短期上升趨勢線

2-2. 股價回測箱頂稱之不破**趨勢偏多**

圖5-7 箱頂突破壓力轉為支撐範例──義隆

義隆 2458

突破箱頂後
壓力轉為支撐

圖5-8 突破箱頂後壓力轉為支撐範例——順達

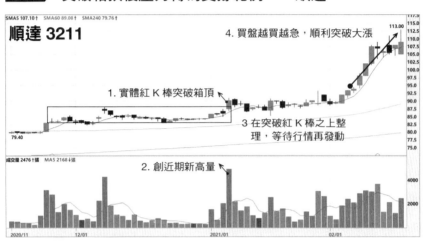

圖5-9 突破箱頂後壓力轉為支撐範例——台達電

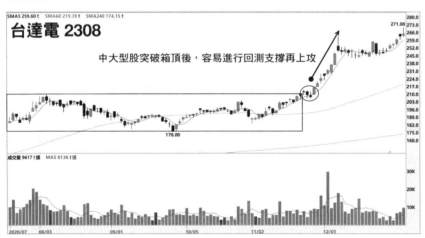

買進訊號 3：股價回測箱底成功反彈

　　股價洗盤的目的是將籌碼進行換手，如果掌握主力進行洗盤過程，且沒有破壞股價箱型整理平台，當股價修正近箱底位置時主力勇於大力吃貨，說明對股價後市仍有相當大的期望。買點就是在碰觸到「箱底」後反彈的紅 K 棒，而拉回箱底買進擁有較低的成本優勢，缺點是需要有耐心，等待主力向上表態。

圖5-10　股價回測箱底成功反彈範例──台積電

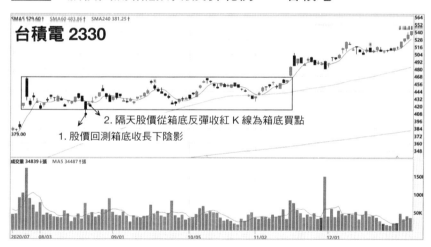

買進訊號 4：量縮出現窒息量後的長紅K棒

　　首先，要先知道什麼是窒息量，可簡單定義為「箱型區間內的最低量」，股價剛進入整理時量一定由多逐漸變少，接著維持一陣子的「量縮洗盤」階段，一直縮到幾乎無量時便產生窒息量，其背後邏輯為主力惜售籌碼。

窒息量並非絕對，而是相對的概念，股本 > 40 億以上的中大型股，窒息量約 10,000 張左右；股本介於 20 ～ 40 億之間，窒息量約 3000 ～ 5000 張；股本小於 20 億以下，窒息量接近 1000 張以下。當帶量長紅 K 棒出現以後，才能判定前一天的量為窒息量，真正的買點就是這根長紅 K 棒。當然，可以使用盤中預估量，如此一來就能先發現窒息量後出現增量。

圖5-11 量縮出現窒息量後的長紅 K 棒範例 —— 精材

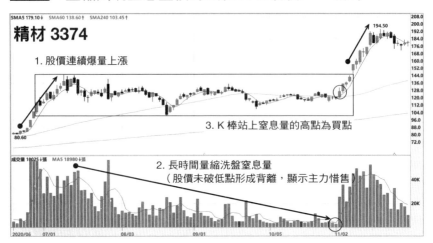

5-2

發現籌碼異常時，找到4種主力的跟單技巧（賺波段）

　　我們都知道在股市裡，每一檔股票背後都有主力，這個主力也許是法人（外資、投信）、公司派或市場派主力，他們有著資訊上的優勢，領先掌握內線消息。所以跟著主力買股票能將交易勝率提高，背後龐大的資金有助於股價上漲化解壓力、股價修正形成支撐。

　　假設主力今天發現一檔成長股，未來二季訂單將供不應求，產能利用率提升到八成，而他想把手上資金重壓在這檔股票上面，普遍投資人可能會認為「大張旗鼓、有價有量的買進」。

　　答案其實不是，因為如果主力大張旗鼓地買進，就會像俗話所說的：「股價連續漲停，散戶不請自來」，散戶就會跟進、股價跟著上漲，主力佈局的成本就會變很高。

　　所以最好的做法是「分批買進」，利用手中已持有的籌碼，刻意慣壓吃貨，搭配營收、獲利數字與利多消息，炒熱市場熱度成為股價上揚的動力。

1. 低檔佈局型主力

這是最為少見的籌碼異常股類型。發現有「異常買盤」持續買進股票，但股價的價與量還沒有起色時，可以先把此類股票先加入自選股中觀察，等到線型上出現突破箱頂實體長紅 K 棒，表示股價按照此異常買盤的預期表態發動攻勢。

圖5-12 低檔佈局主力範例——宏全

低檔佈局主力跟單技巧為：這類拉抬型主力買進的股票，如果不是初期就發現，股價可能已經漲高，這時進場成本太高、停損也不好守，所以要跟單最好還是先從剛開始連買兩天左右的拉抬型主力標的來買進。

2. 銀彈拉抬型主力

　　銀彈拉抬型主力與低檔佈局型主力的差異點有兩項：一是買盤連續追高量價齊揚；二是區間買超超過總成交量的 10%，主力在期間內對同一檔股票進行連續買超，且區間買超量至少超過成交量的 10%，代表有一定程度足夠影響股價漲跌。當股票出現以上條件都達成的主力，就可以把這檔股票定義成主力作價的買盤籌碼。

圖5-13　銀彈拉抬型主力範例——幃翔

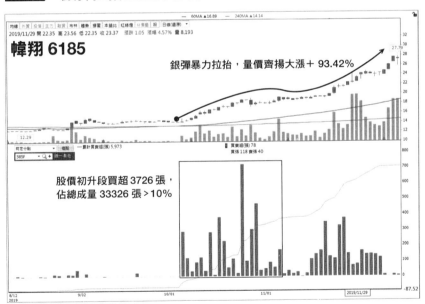

3. 過去不買，現在突然急買

　　短期內不曾出現買超股票的行為，卻突然開始急買，這種突然出現買超的行為，是籌碼異常的關鍵，也可以說是上檔銀彈拉抬型與低檔佈局的初步訊號之一，進而由後續股價變化及主力的買超連續性判斷，是以上哪一種籌碼異常股。通常出現有主力「第一天」或「連續兩天」買超股票時，一樣先加入自選股來追蹤觀察，因為有時出現突然急買盤，是遇到進行隔日沖的主力。

圖5-14 過去不買，現在突然急買範例——宏全

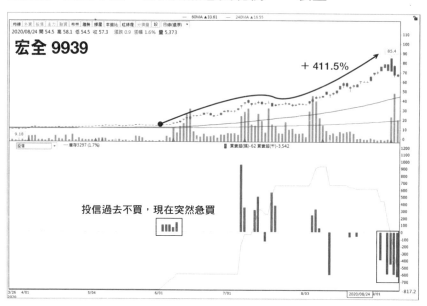

4. 主力由賣轉買範例——投信

　　與前一個「過去不買、現在突然急買」的籌碼異常股相比，由原先賣超的態度，突然轉為買超的主力行為更異常，買超積極度也更高。主力由賣轉買有兩種情況：

(1) 股價已被賣到低檔區，主力認為股價過低進而轉買。

(2) 主力連賣，但股價越漲越高，最終認錯回補轉買股票。

　　以上兩種狀況都對股價的漲勢有幫助，但能不能進場，還得視股價位階及線型輔助判斷才行，籌碼的買家可以是「特定分點」，也可以是「外資」、「投信」的法人整體籌碼。

圖5-15　主力由賣轉買——健策

5-3
用大盤指數，來控管你的資金分配（不會賠）

　　風險承受能力基本上遵循年齡不斷增加，風險偏好逐步下降的情況。年齡越大風險承受能力就越低，投資時就要趨於保守；而年齡較輕的情況下，能夠承受較多的風險，在投資上應該更加積極，這是我們可以理解的。

　　各年齡層應該根據自己的消費行為和理財習慣，去找出適合自己資金控管的方法，例如：每一個人都應該依家庭收入、生活支出狀況與風險承受能力的不同，制定專屬自己的理財規劃，例如：股票的投資比例＝（100− 年齡）％。另一種更貼近股票市場多空循環、周而復始的股票資金控管方式，如下：

1. 季線與年線之上：五成到七成股票部位部位、三成資金彈性操作。

2. 指數介在季線與年線之間：五成股票部位、五成資金彈性操作。

3. 指數在年線之下：三成股票部位、七成資金等待指數觸底反彈。

圖5-16　加權指數資金配置圖範例（可依照個人理財規劃調整）

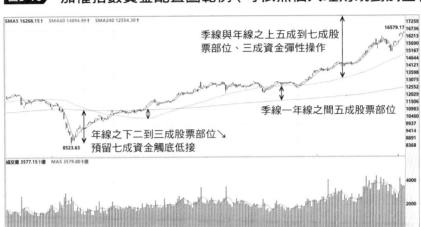

影響股價上漲與下跌的關鍵因素，有利率、景氣、籌碼、獲利、消息、市場情緒等等。例如：年線為過去一年來市場資金的平均成本線，這段期間一定會遇到配股或配息，所以被定義為長期指標，加權指數站上年線，且年線翻場向上，表示整體景氣開始走高，公司營收與獲利充滿成長潛力，股價自然有上修獲利空間，為最好的投資時間點。

反之，指數跌破年線且年線彎頭向下，表示整體景氣進入衰退，公司營收與獲利隨之下降，股價容易遭下修低迷不振，為最差的投資時間點。同理，指數有效地站上年線，可以增加持股，看到指數跌破年線就要快速減少持股，所以能夠憑藉中期指標季線與長期指標年線，定義出股票資金控管配置圖。根據以上原則，讀者可以依照自己的理財規劃與風險控管做彈性調整。

第 6 章

如何賺一倍？解密市場 5大「飆漲題材股」

6-1

投信基金重壓股

　　投信全名為「投資信託公司」，也就是一般俗稱的「基金公司」。基金公司的運作方式是向大眾募集資金去發行基金，交由專業的基金經理人去操作。**雖然我們利用基金做投資可以省下研究個股的時間，但相對也要付出管理費、申購費**等。因此不一定要將錢交給基金經理人操作，「站在巨人的肩膀上」觀察投信動向，也是買股票增加勝率的好辦法。

　　關於投信買股票的手法，有以下 3 個必須注意的重點。

1. 偏好中小型股

　　對於國內股票型基金而言，若想在一個月至一季內繳出優異報酬率的成績單，因為「中小型股」比「大型權值股」還要好拉抬股價，介入較活潑的「中小型股」，基金更有機會在短期內衝高績效。

2. 6 月與 12 月底拚作帳拉抬持股

　　投信操作的最主要目的是「打敗加權指數」，交出優秀正報

酬的成績，吸引市場投資人青睞。投信容易在季底與年底拉抬重點持股，其中以半年報的 6 月底及年報的 12 月底的力道最為強勁，讓基金有個漂亮的成績，使市場衍生出所謂的「作帳行情」。

3. 投信持股比率 >15%，需要留意獲利了結賣壓

　　法規規定，一間基金持有同一個股，佔淨值比重不得超過 10%，所以多家投信基金同步買進一支股票，且投信總持股比率過高（>15%）時，表示整體投信持有比率過高。萬一大盤出現風吹草動引發某家投信賣壓，容易發生「物極必反」走勢，投資人必須提高警覺，股價可能出現快速下跌修正，所以需要留意獲利了結賣壓。

2 個條件選出投信跟單策略

條件 1：籌碼面為，投信持股比率連續增加 +1%～+2% 以上（連續買超慣性）
條件 2：技術面為，股價站上投信成本線

　　綜合以上兩項重點，代表投信正在鴨子划水默默佈局階段，未來股價可能具備爆發性，公司被投信挖掘出來。台灣法人圈消息面靈通，股票搭配基本面利多消息一旦傳開來，特別是中、小型股票順勢有轉機題材，投信追逐後的結果就是開啟股價的波段行情。

以惠特2020年第二季作帳行情為例

全球最大 LED 測試及分選設備製造商惠特（6706）在 2020 年第二季，傳出公司將受惠蘋果平板 iPad 及筆電 iMac 導入 MiniLED 背光源的新聞利多消息。

此利多消息可解釋 2020 年第二季投信為什麼集中火力作帳的理由及原因，現在回頭看這項利多是否成真，也無深入探討的必要，反而是當時投信的買賣超進出狀況留下一個標準教科書式的操作。

從圖 6-1 可以看到，投信從 2020 年 5 月初開始建立基本的持股，僅 4 個交易日，持股比率大增至 3.1% 且股價剛站上投信成本線，符合投信跟單策略。接著如圖 6-2，投信針對惠特（6706）短短二個月內的時間，股價從站上投信成本線 K 棒的收盤價 108.5 元最高漲至 193 元，漲幅高達 77.8%，投信持股比更上升到 13%。

圖 6-1 中，成本線的用法和均線是一樣的，而成本線可以針對籌碼欄位的外資、投信、融資或主力查詢成本價，能比均線更真實的反應持有股票的成本。

由圖 6-2 可看出，惠特（6706）二個月內的時間投信持股比率上升到 13%，股價從站上投信成本線 K 棒的收盤價 108.5 元最高漲至 193 元，漲幅高達 77.8%

圖6-1 2020 年 5 月惠特符合投信跟單策略

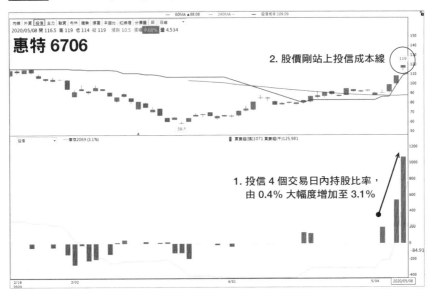

圖6-2 惠特符合跟單策略後，股價大漲 77.8%

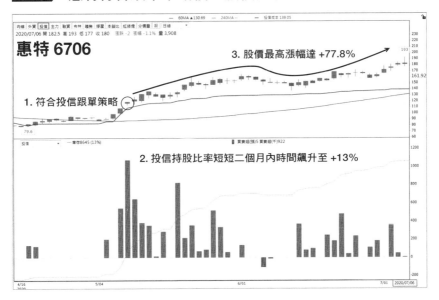

鎖定「中小型股」股本小容易拉抬股價

中小型股績效輕鬆突破大盤、大型權值股表現，如果讀者想要更穩健操作，要把握以下 2 項技巧。

技巧 1：選擇投信持股比例 0% ～ 5%（黃金比例）

技巧 2：股本 20 億以下小型股

投信基金買盤容易進駐的小型股，籌碼鎖碼效應逐漸發酵，股本輕盈的優勢動輒上漲二成以上，甚至突破五成遠遠擊敗大盤、大型權值股表現。從惠特（6706）範例可以發現，投信操作的週期容易維持一個月以上佈局，當投信急買時把握黃金比例上車，也能賺到波動行情。

圖6-3 2020 年 6 月份安聯台灣大壩基金持股概況

合計				59.26
2330	台積電	897,997,000	0	7.29
5269	祥碩	552,475,000	0	4.49
2454	聯發科	504,309,000	0	4.10
6278	台表科	455,260,000	0	3.70
4958	臻鼎-KY	452,705,500	0	3.68
6415	矽力-KY	412,800,000	0	3.35
6706	惠特	378,812,000	0	3.08
2383	台光電	371,475,000	0	3.02
4935	茂林-KY	331,343,000	0	2.69
2308	台達電	330,980,000	0	2.69
2345	智邦	321,343,000	0	2.61
3008	大立光	302,290,000	0	2.46
3037	欣興	296,792,400	0	2.41
5264	鐘勝-KY	294,981,400	0	2.40
2448	晶電	284,518,850	0	2.31
3406	玉晶光	260,400,000	0	2.11
3661	世芯-KY	251,500,000	0	2.04
3376	新日興	221,712,000	0	1.80
9921	巨大	202,488,000	0	1.64

資料來源：投信公會官網

　　由圖 6-3 可以看出，對於國內股票型基金而言，若想在一個月至一季內繳出優異報酬率的成績單，因為「中小型股」比「大型權值股」還要好拉抬股價，介入較活潑的「中小型股」，基金更有機會在短期內衝高績效。根據投信公會官網資料，2020 年 6 月份績效名列前茅的安聯台灣大壩基金惠特（6706），持股佔基金比重來到第七大持股，同時也是持股第一大基金。

　　時間來到第三季的 7 月初，投信開始由買轉賣開始沿路結帳，從集體上山變成集體下山，短短二個月內跌幅達到 27%，雖然投信作帳期間拉抬兇猛總是可以找到利多新聞。但可以發現，投信開始由大買轉為大賣就能視同結帳，因此，每當時間軸來到 3、6、9、12 月的季底，就要開始提高警覺，觀察投信買賣超狀況與技術面量價結構。

圖6-4 每一次季底（3、6、9、12 月）就要開始提高警覺，觀察投信買賣超狀況是否轉為大賣的結帳訊號

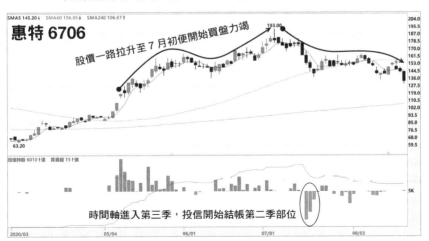

6-2

獲利轉虧為盈的倍數股

　　獲利能力「由虧轉盈」的倍數股，是指公司業績由虧轉盈反應在股價上的爆發力。常見於連續好幾年都在虧損的公司，可能是外在的景氣環境因素，或者公司內部的經營問題，導致公司營運出現連續好幾季虧損的情形。理論上是市場對它沒有什麼期待與信心，股價通常都會跌到歷史新低價，甚至是跌到股價淨值附近。

　　一旦公司經過長期改善，或者是外在景氣環境轉佳，公司開始出現單月或是單季由虧轉盈訊號。市場上的看法，也認為公司營運將重返成長軌道，表示該公司在經營上已經脫離谷底，最糟糕的情形已經過了，股價就會因此死灰復燃。

　　法人機構與大股東願意重新逢低加碼，就會出現強勁的本益比調升（Re-rating）的空間。因此，股價就會出現主升段行情的上漲，依照往年經驗來看，股價漲幅都能超過 5 成到 1 倍以上。缺點是股價起漲之前不會有任何利多消息，只會有公司內部人與少數主力或法人先知道，投資人普遍很難察覺的到趨勢開始反轉向上。

範例1：2020年第四季晶心科轉虧為盈

　　晶心科（6533）為聯發科旗下為翔發投資、行政院國發基金持股，搭上中國發展研發自有晶片與 5G、IoT 發展產業趨勢之下，2020 年第 3 季仍虧損 0.69 元。不過在 10 月自結獲利開始由虧轉盈，第四季營收開始創歷史新高，邁向成長階段，以 11/04 第三季季報公告日到隔年 3/03 年報的公告日收盤價來統計，股價從 152.5 元漲到 480 元，漲幅達 208.68%。

圖6-5　**晶心科第四季獲利轉虧為盈**

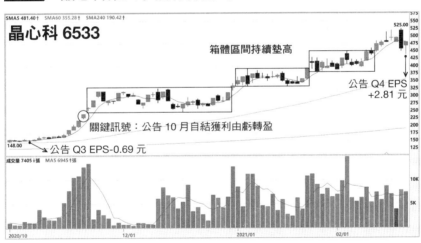

圖6-6 2020 年晶心科單季損益表

淨損益	2020 Q4		2020 Q3		2020 Q2		2020 Q1	
	金額	%	金額	%	金額	%	金額	%
稅前淨利	1.21	45.1	-0.29	-27.4	-0.17	-16.4	-0.37	-35
所得稅費用	0.01	0.39	0.007	0.67	0.01	1.01	0.008	0.73
繼續營業單位稅後損益	1.2	44.7	-0.29	-28.1	-0.18	-17.4	-0.38	-35.7
合併稅後淨利	1.2	44.7	-0.29	-28.1	-0.18	-17.4	-0.38	-35.7
稅後淨利	1.2	44.7	-0.29	-28.1	-0.18	-17.4	-0.38	-35.7
其他綜合損益合計	0.002	0.09	0.007	0.68	-0.003	-0.29	-0.17	-0.17
綜合損益	1.2	44.8	-0.29	-27.4	-0.18	-17.4	-35.8	-35.8
綜合損益—歸屬於母公司	1.2	44.8	-0.29	-27.4	-0.18	-17.4	-35.8	-35.8
每股稅後盈餘（元）	2.8	-	-0.69	-	-0.41	-	-0.89	-

範例2：2019年第三季精材轉虧為盈

精材（3374）為台積電轉投資的晶圓封測廠，2019 年受惠全球 CIS 感測元件成長趨勢及台積電 12 吋晶圓測試訂單貢獻，2020 年第 2 季仍虧損 0.14 元。不過在 CIS 訂單穩定成長及新業務開始貢獻下，第三季獲利繳出 1.23 元開始由虧轉盈，以 8/02 第二季財報公告日到隔年 2/11 年報的公告日收盤價來統計，股價從 46.5 元漲到 90.3 元，漲幅達 87.15%。

圖6-7　精材第三季獲利轉虧為盈範例

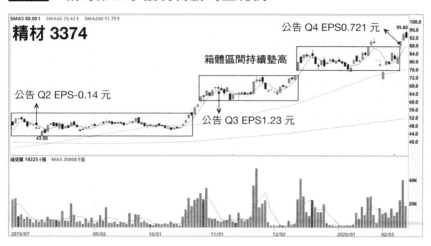

圖6-8　2019 年精材單季損益表

淨損益	2019 Q4		2019 Q3		2019 Q2		2019 Q1	
	金額	%	金額	%	金額	%	金額	%
稅前淨利	1.96	14.1	3.51	21	-0.39	-3.82	-3.26	-58
所得稅費用	-	-	-	-	-	-	0	0
繼續營業單位稅後損益	1.96	14.1	3.51	21	-0.39	-3.82	-3.26	-58
稅後淨利	1.96	14.1	3.51	21	-0.39	-3.82	-3.26	-58
其他綜合損益合計	-0.008	-0.06	-	-	-	-	-	-
綜合損益	1.95	14	3.51	21	-0.39	-3.82	-3.26	-5.8
每股稅後盈餘（元）	0.72	-	1.23	-	-0.14	-	-1.2	-

增加操作勝率的 3 項技巧

以下 3 個條件最好是同時成立，在景氣變好時，這家公司才有機會開始「邁向成長軌道」，一檔獲利轉虧為盈的倍數股的理想走勢為「階梯式箱型上漲」。

1. 下半年電子股產業旺季，最容易出現轉虧為盈的機會。

2. 背後有集團富爸爸貢獻訂單挹注獲利。

3. 單月營收創六個月以上新高。

理論上，公司基本面正在轉強，一定有人可以比市場早知道，至少內部人會先知道。反之，如果正在發生潛在利多，股價竟然連季線都站不穩，卻還頻頻破底，這時千萬不要在下跌趨勢刻意進場逢低買進，至少股價站穩季線且季線年線黃金交叉是最穩定進場作法，勝算才會比較高，也才是真正能幫我們賺錢的「倍數股」。

6-3

高配息、高殖利率股的填息攻略

　　每年 5、6 月上市櫃公司將進入除權、除息旺季，無論是研究機構或新聞媒體，都會開始積極尋找當年度高現金股息殖利率的個股。由於美國聯準會（Fed）為首的各國央行，大推量化寬鬆（QE）與降息，引導全球利率走跌。

　　以 2021 年台灣銀行為例，1 年期、2 年期、3 年期定期儲蓄存款利率均跌破 1% 的情形下，將錢存入銀行容易因為通貨膨脹，使一般物價持續上漲，導致金錢購買力下降，因此把錢存放在銀行只會越存越薄。

　　此時，具備高配息、高殖利率特性的股票，成為資金最佳避風港（近五年配息率超過 70% 以上、股息殖利率超過 6% 以上就算是高配息率、高殖利率的股票）。在長期持有策略條件下，每年都可享受被動式的收入來源，適合無法長期盯盤、風險承受度較低與新手投資人。

　　甚至兼具成長型與價值型的股票，更是容易創造資本利得和填息的機會。讀者可以複習 4-5 節中，有提到高股息殖利率股票容易吸引到長期投資買盤，讓股價增加籌碼安定性為進攻可、退

可守的特性。

為什麼「填息」很重要呢？除權或除息其實本身不會賺，因為公司的市值與股價也會等幅下降，除權息後收盤價必須「填權息」，也就是股價站回除權息前的價位，投資人才算真正獲利。

圖6-9 填息與貼息示意圖

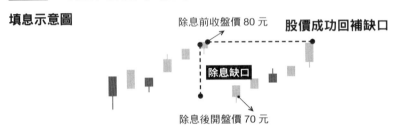

填息示意圖

除息前收盤價 80 元
股價成功回補缺口
除息缺口
除息後開盤價 70 元

貼息示意圖

除息前收盤價 80 元
除息缺口
股價未回補缺口
除息後開盤價 70 元

※K 線圖為日線圖，非還原日線圖

如圖 6-10，達爾膚（6523）公告 2019 年每股盈餘（EPS）僅僅 4.26 元，以「資本公積」配發現金股利每股 10 元，除息前一天收盤價為 91 元，殖利率約 10.9%，除息後股價卻頻頻破底腰斬至 41.4 元，如果沒有順利填息，不論殖利率多高，都無法將股利順利入袋，也就是俗稱的「貼息」。

圖6-10 以資本公積老本配息，無論殖利率多高，容易淪為貼息賠上價差

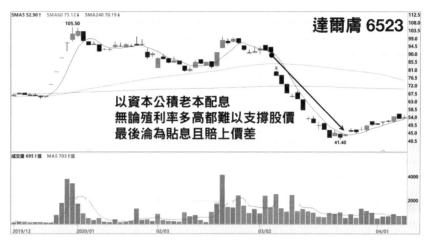

反之，以 2019/08/01 致新（8081）除息 7.5 元為例，前一天收盤價為 99.8 元，殖利率約 7.5%，所以平盤參考價應為 92.3 元（前一天收盤價 – 股息金額）。而股價除息後 7 個交易日，2019/08/21 收盤價順利站回除息前收盤價 99.8 元，也就是俗稱的「填息」，股利成功進到口袋。

圖6-11 致新 7 個交易日迅速填息

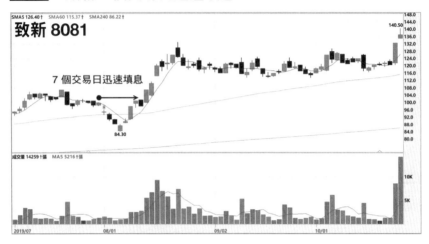

3 個條件選出高殖利率填息常勝股

條件 1：近五年平均填息時間 < 180 日

條件 2：近五年現金股利配息率 > 70%

條件 3：近五年平均殖利率 > 6%

　　參加除權息最重要的是「填息」，能夠穩定配息且快速填息，顯示公司可能具備獲利穩定成長、產業趨勢向上的條件，且主力或法人願意再投入資金加碼，讓股價能夠有效率地完成填息。

圖6-12 Goodinfo 網站高殖利率填息常勝股條件範例

圖表來源：Goodinfo! 台灣股市資訊網

增加高殖利率、買進勝率的 2 個最佳時間點

時間點 1：上市櫃公司 11 月份到 3 月份的財報空窗期
時間點 2：上市櫃公司 5 月份的第一季財報淡季效應

　　第 1 個時間點，是最容易利用殖利率優勢條件買在最便宜位階與賺到價差的時期。當上市櫃公司 11/14 第三季財報已經公告完畢，雖然財報的會計年度尚未結束，公司股利政策也尚未發佈，但能夠利用高配息、高殖利率策略的 4 項條件，找出往年填

息常勝軍。

　　此時，領先市場買盤進場最容易買在殖利率最高的階段，另一方面也能夠搭上隔一年的第一季台股紅包行情（上漲機率最高）。

　　第 2 個時間點，是參加除權息最佳時間點，因為農曆過年工作天數少，多數上市櫃公司 5/15 以前要公告的第一季財報，與去年第四季獲利相比，容易繳出季衰退的成績單，遭受到法人短線賣盤調節，進而產生第二季淡季效應的買進點，順便搭配股東會或董事會公告的股利政策，重新計算當年度殖利率。

圖6-13 增加高殖利率股、買進勝率的時間點

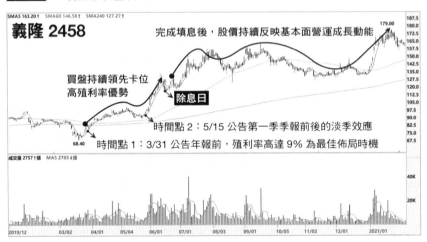

6-4

價值嚴重被低估的庫藏股

　　上市櫃公司宣佈實施庫藏股，對自身公司股價有機會產生護持作用，從中找出營運成長且技術面經過整理轉強的個股，也是挖掘好公司的起漲點參考方向。

　　首先，我們要先知道庫藏股是什麼？公司實施庫藏股，就是公司決定要從公開市場買入自己公司的股票，其主要目的有 3 項：1. 維護公司信用及股東權益、2. 轉讓股份給予員工、3. 股權轉換。

　　白話來說，公司覺得「我們公司的股價不應只值這樣的價位」，意圖捍衛股價進而提振股東的持股信心，所以忍不住出手護盤。從「大買庫藏股」這個動作，可以看出公司認同自家股價，甚至可能正在迎接轉型階段，所以才願意自己花錢買回自家股票。

範例1：家登（3680）實施庫藏股

　　實施庫藏股期間：2019/03/26 ～ 2019/05/25 ，本次已買回比例：50%，總共買超佔股本比例：2.13%，買回價位區間：25 元～ 35 元。家登（3680）實施完庫藏股後，受到台積電和艾司摩爾

力挺下，為台積電前段製程重要晶圓傳送盒供應商，下半年營運爆衝，搭配市場法人想像題材激勵買盤推升股價，在七個月後創下波段新高 203 元，漲幅約 469.9%。

圖6-14 家登實施庫藏股後股價最高漲幅約 469.9%

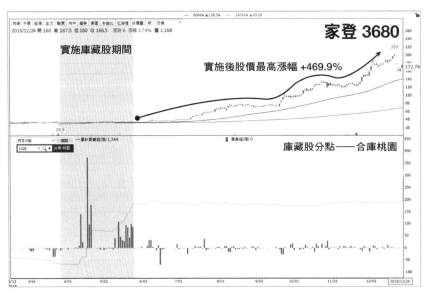

範例2：揚智（3041）實施庫藏股

實施庫藏股期間：2020/03/19 ～ 2020/05/18，本次已買回比例：51.95%，總共買超佔股本比例：1.04%，買回價位區間：10.5 元～ 18 元。

揚智（3041）實施完庫藏股後，搭配營運轉強利多消息激勵買盤，5G 趨勢確立歐洲數位化機上盒訂單大增，加上印度及

中南美洲等標案需求已經準備就緒，當年第三季起出貨與業績同步明顯增溫，股價在二個月後創下波段新高 34.9 元，漲幅約 100.59%。

圖6-15 揚智實施庫藏股後股價最高漲幅約 100.59%

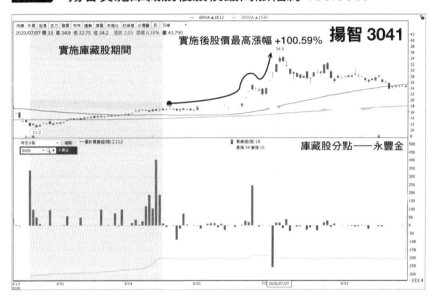

範例3：岱宇（1598）實施二次庫藏股

實施庫藏股期間：2020/02/24 ～ 2020/05/18、2020/03/23 ～ 2020/05/19，本次已買回比例：100%、34.78%，總共買超佔股本比例：2.61%、1.36%，買回價位區間：30 元～ 50 元、25 元～ 45 元。

岱宇（1598）實施完庫藏股後，搭上新冠肺炎疫情，讓家用健身市場未來前景出現新氣象，掀起宅經濟，使居家健身需求增

加，2020 年度營收一路創高到年底，股價在五個月後創下波段新高 162 元，漲幅約 299.75%。

圖6-16 岱宇實施庫藏股後股價最高漲幅約 299.75%

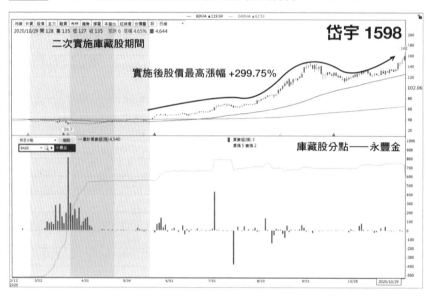

範例4：圓剛（2417）實施庫藏股

實施庫藏股期間：2020/03/25 ～ 2020/05/24，本次已買回比例：60.04%，總共買超佔股本比例：1.56%，買回價位區間：6.08 元～ 16.51 元。搭上後疫情時代需求，個人視訊和串流服務營運興起，遠距教學、視訊會議、活動直播等需求，帶動營收跳躍式成長，股價在四個月後創下波段新高 85.4 元，漲幅約 107.5%。

圖6-17 圓剛實施庫藏股後股價最高漲幅約 107.5%

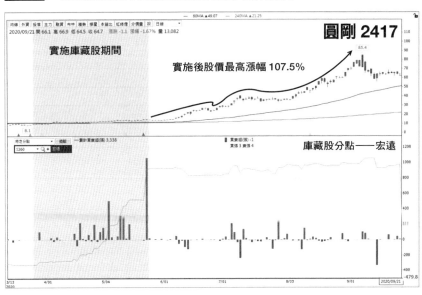

增加操作勝率的 3 個技巧

技巧１：庫藏股買超佔股本比例超過 1%

技巧２：公司買回平均價格成為支撐

技巧３：庫藏股實施完後營收出現大幅度月成長

　　實施庫藏股並不代表短線績效的保證，但如果利用以上 3 個技巧將時間拉長去觀察，股價在公司買回平均價格形成「關鍵支撐」，此時搭配籌碼面指標，當買盤越來越急並且關鍵券商不計價的追高，甚至更多法人進場佈局，那麼在實施完庫藏股後，股價容易在一年以內出現波段行情，投資者可以期待。

資訊補充站

投資人如何取得庫藏股資訊？

Step1：Google 搜尋「公開資訊觀測站」

Step2：進入首頁後，於上方選單點選「投資專區」 → 點選「庫藏股統計彙
總表」

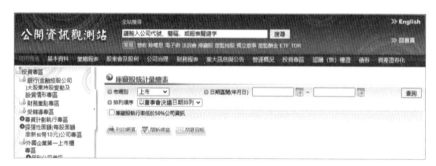

圖片來源：公開資訊觀測站

6-5
經營權之爭引爆的
董監改選事件

　　為了防止公司派掏空公司，法令規定董監事持股必須達到一定成數，因此當董監事持股比例不足時，公司派的經營權可能面臨被搶走的風險，必須去市場買回股票，使股價有上漲動力。

　　如果一間體質不錯的公司當年度將改選董監事，但董監事持股不足，導致市場派可能覬覦公司價值，趁機提早在市場搜刮籌碼，引發股權爭奪大戰推升股價上漲，拉出一波董監改選行情。

　　董監改選經常是一場市場派與公司派爭奪經營權的完全籌碼戰。《公司法》規定，董監事的任期最長不能超過三年，按照慣例每三年在股東會改選一次，任期到就要改選。如果董監事持股比例太低，光靠原本的股權沒辦法當選。因此，有意角逐下一屆董事或監事者，會在股東會前夕大量「收購股權」，不斷買進股票增加握有的股權，對於雙方這樣的籌碼爭奪戰，就稱之為「董監改選行情」。

4 個條件選出容易出現
「董監改選行情」的波段股

條件 1：董監持股比率 <15%

一般以董監持股低於 15% 為指標，因為董監持股低於 15% 以下就沒有絕對控制權，較可能成為被入主的標的。

條件 2：公司股價為銅板股

公司股價為低價銅板股，甚至股價淨值比低於 1 的公司，則入主的資金成本較小，才容易使市場派覬覦公司所握有的資源，例如：龐大的土地增值利益、豐厚的轉投資收入、未來營運開始大幅轉強或是發動惡意併購。

條件 3：隔年將舉行董監改選

因為每年股東會最慢要在 6 月底之前舉行，在董監改選前一年度，就會開始買進股票直到隔年第一季，所以董監改選行情自然最容易落在這個期間之內。

條件 4：公司經營權之爭歷年常出現在新聞媒體版面

因為股票的籌碼供需有限，當買進的大戶只進不出相當於鎖碼，此時消息話題越火熱的公司，越容易吸引市場上各方人馬，強勁拉出一段波段漲勢。

如圖 6-18，以 2017 年大同（2371）為例，年度股東會日期在 2017 年 5 月 11 日，2016 年第三季開始，大同因經營權之爭引發董監改選行情，股價自 2016 年 9 月以來大漲 261%。到隔

年度股東會前最後過戶日 2017 年 4 月 10 日，召開股東會前 60 日就是股票最後的過戶日，也就是說想要被記載在股東名冊上出席股東會，必須在股東會召開前 60 日擁有這檔股票。因此，最後過戶日為參與董監改選波段行情的最後出場日。

圖6-18 **2017 年大同董監改選範例**

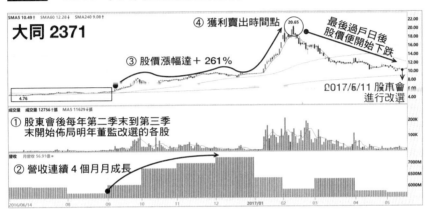

如圖 6-19，以 2020 年彰銀（2801）為例，當年度股東會日期在 2020 年 6 月 19 日，2019 年第二季開始，台新金與財政部再度卯足全力搶奪彰銀經營權，股價從最低 17.35 元正式向上噴出最高漲到 24 元，含填權息最高漲幅達 36.1%。400 張以上大戶持股穩定持續攀升，可見當時戰況多麼激烈。

集保大戶持股比率每週末公告一次，無論是董事長、董監事、大股東或是法人機構，只要持有 400 張以上持股都會列在這項指標，能夠輔助我們確定隔年的股權爭奪大戰是否提前開打。

圖6-19 2020 年彰銀董監改選範例

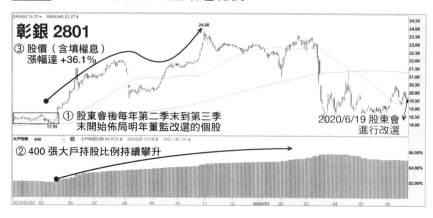

③ 股價（含填權息）
漲幅達 +36.1%

① 股東會後每年第二季末到第三季
末開始佈局明年董監改選的個股

2020/6/19 股東會
進行改選

② 400 張大戶持股比例持續攀升

第 7 章

成長股小提醒：
參考我的實戰操作
大補帖

7-1
完美的聖杯不存在，
接受策略的「不完美」

　　每一條陌生的道路上，如果一開始有貴人指點，在起步時就有了正確觀念、意識到自己的弱點，才有可能少走冤枉路。但**許多投資人只是帶著短線賭性，花費好幾年的光陰跟著股市起伏，不是在累積財富的道路上。**

　　每個人隨著年紀與資歷的增長，對人、事、物的看法與標準都不同。就像俗話說：「青菜蘿蔔各有所好。」嘗試過期貨與股票領域等等交易模式，也了解各種交易路線的甘苦，最後我依然認為，「波段成長股策略」能穩定自己的長線績效，且最適合新手投資人。

　　看過太多新手投資人剛進入股市，就抱著買一張樂透彩券的心態，圖一個求發財的機會——今天買進，明後天就要大賺。**股市中能賺錢的方法有很多，但是短線與當沖交易，真的不是初學者最好的選擇。**當行情走多頭格局，可能因為短線交易的第一、二檔股票賺 10%、7% 就過度自信膨脹。但行情開始進入修正時，只要不小心追錯幾檔股票，財富就被打回到原點，甚至賠掉本金只賺到退傭手續費。

　　因此，當銀彈有限的情況下，更應該記住巴菲特的投資第一條原則是「不許虧錢」。投資其實需要每一筆交易都非常嚴謹，不然財富沒有辦法一步一步堆疊上去，買賣進出愈頻繁，失敗率愈高。因此，務必建立買賣股票的 SOP（標準程序）才能減少自己犯錯的機會。

　　我的投資交易最終的藍圖畫面，並不是要當一個全職交易者，每天盯著電腦或手機螢幕，而是不需要天天看盤，透過波段操作就能累積財富讓自己財務自由。當你的每一筆交易頻率越來越短，跟真正想要透過投資來達到財務自由的藍圖，其實是漸行漸遠的。如果一天最少盯盤 4 小時，以每年大概有 240 個交易日，至少能賺到 960 個小時，足夠去成就其他自己的副業。

　　講到這裡並非想要一竿子打翻一船人，只是越是短線的交易難度越高，就更需要極強的綜合性分析能力，偏偏新手投資人想法都不夠全面，所以投資股票千萬不要好高騖遠或要求跟一般的工作一樣，每天花多少時間都要有等價的回報。

　　成功的交易策略就像是鑽石一樣，經過好幾萬年在地底晶化而成，在形成過程中會同時將固體、液體與氣體包裹起來，形成各式各樣的內含物才能造就出鑽石。而鑽石很少是完美的，根據內含物的多少、大小及其形態，能細分出 14,000 種以上不同鑽石品質的級別，也使每一顆鑽石內部都容易會有一些瑕疵，卻成為珠寶商口中「獨一無二的特徵」。

　　相同道理，我們的交易策略跟鑽石一樣，同一個策略由不同人操作，都會有獨一無二的特徵。股市待久一點的人都知道，過

去完美的績效不等於未來一定有效，如果有什麼策略是能夠持續穩定獲利，當大家都會用的時候很快就無效了。

　　反之，大多數的時間點策略是有效的，但是策略中的某些特性會讓多數初學者踢到鐵板才算完美，因為需要高技巧的「不完美」策略才是它的完美所在，關鍵原因如同鑽石，要經歷正確的切割和打磨才會發光發亮。

圖7-1 穩定獲利的 5 項核心條件

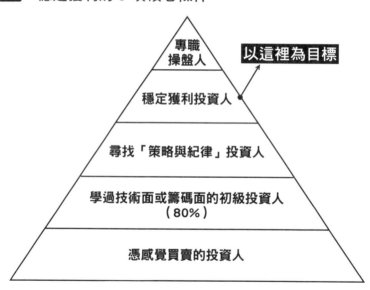

1. 有著基本信念策略與核心買賣技術。
2. 懂得從選股池縮小範圍，找出高成長性趨勢個股。
3. 明白市場規律：谷底與山峰會交互來臨，學會高低期轉換穩定績效。
4. 持續反覆操作，奠定基本獲利SOP。
5. 獲利保持謙卑的心，股價往往領先基本面3個月，凡事想著未來的行情。

7-2

市場資金越充沛，
股票就會易漲難跌！

　　資金與價格的關係就像水與船的關係，水漲則船高，當大量的資金湧入股市，將股票平均本益比推升，股價就容易上漲，甚至出現超額利潤的行情。反之，當市場上的資金緊縮，資金會離開投機性高的股市，當股市熱潮退燒後大量資金離場，股價就容易下跌，懂這個道理也就能理解「量是價的先行指標」。

　　觀察台灣貨幣供給有兩個重要指標，一個是 M2、另一個是 M1B。當 M1B 年增率向上超越 M2，稱為黃金交叉，代表資金從定期性流向活期性存款，資金流向股市。相反地，M1B 向下低於 M2 時稱死亡交叉，資金從股市中流出。

　　當 M1B 及 M2 年增率均上揚，主要受到外資淨匯入及放款與投資成長增加的影響，資金相當寬鬆及股市交易活絡的效應價量齊揚，加權指數和成交量也是呈正比。如圖 7-2，長期觀察 1997 年 1 月到 2021 年 1 月的資料顯示，M1B 與台股市值有明顯的線性關聯，因此一般投資人可以多觀察 M1B 的走勢。

圖7-2 M1B 與加權指數變化圖

7-3
交易比氣長停不比氣盛，
先理解停損的重要

　　「天下沒有白吃的午餐」，是跟風險有關的膾炙人口名言。的確，凡是免費的束西，往往背後都暗藏額外要付出的成本，意味著任何一種投資都存在風險。風險與報酬永遠是成正比的，當你對這筆投資獲利的期整值越高、風險性也就越大。

　　美國史上最著名的龐式騙局（Ponzi Scheme）主腦馬多夫，向投資人掛保證，無論牛市或熊市都能拿到 10% ～ 12% 的高報酬率。他透過常見的「挖東牆補西牆」方式進行詐欺，利用新投資客戶的錢向老客戶支付利息及短期報酬，製造賺錢的假象誘使更多的人上當，打造出長達近 20 年的龐氏騙局，最終涉款高達 600 多億美元，直到 2008 年金融危機爆發後才曝光。

　　這故事告訴我們，世界上沒有什麼是一定的「低風險」、「穩定收益」、「固定高收益」，教你看清騙局。就連社群媒體發達的年代，也充斥著投資詐騙文，當你貪的是利息，人家要的是你的本金。

　　巴菲特和孟格都認為「理性和誠實是最高的美德，而衝動和自欺是犯錯的主因。」我們容易在新聞媒體、報章雜誌中聽到投

資的成功範例，看到股市可以合理、長期保護我們的資產價值、對抗通貨膨脹甚至讓資產成長，但它絕對不是一個短期快速致富的地方。

　　凡是買進過任何一張股票的讀者，都一定會經歷賺小賠大的過程，在股價快速噴出的初期就急於落袋為安。相反地，挑錯股票卻遲遲無法下定決心做停損，不願意面對股票虧損失敗，是典型輸家模式，特別是新手投資人。這裡提供當市場出現不如自己預期時，應對停損心態可以參考的 3 點。

1. 分批賣一半的原則。

2. 嚴格設定最後的賣出訊號。

3. 當執行停損後，一定要有間隔的休息時間讓自己冷靜與檢討。

圖7-3 停損的重要性，勝率 50% 也能保持獲利

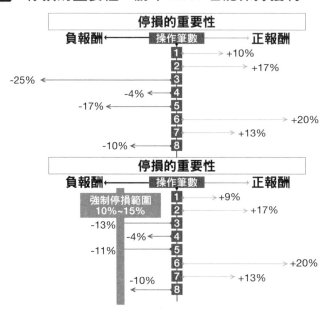

　　例如：2020 年 2 月 29 日，經濟日報報導中提及精材當年度獲利上看 5.8 元，將創歷史新高，當時台積電為精材第一大股東持股 41%，因此精材能夠獲得台積電的技術、訂單等奧援，以台積電先進封裝測試，平均本益比能夠達到 30 倍，掐指一算潛在報酬率將近一倍，於是我決定大舉分批買進。

　　卻萬萬沒想到遇到新冠疫情造成全球股災，短短 12 個交易日時間，股價從 89 元附近連續崩跌，每天開盤就是直接猜今年會不會再跌 10%，股價一路下探，最低跌到 44.15 元。當股價來到低於 10 倍本益比位置，下跌過程中，心裡曾冒出一種想法：有著富爸爸台積電加持下，成長性一定沒問題，資金控管允許之下應該要加碼將成本降低。

　　但是看著全球新冠肺炎染疫人數持續攀高，結果還是遵守紀律先分批賣一半，當市場不如自己預期時，很可能使思考上出現盲點與瑕疵，一旦察覺不對勁，無論如何都應該遵守停損方法。

　　最後精材股價在一個月之後，快速 V 型反轉站回 80 元之上，就結果論來看，確實應該將成本向下攤平，但是心態角度來看並沒有做錯，將虧損控制在自己可接受範圍內，確保有實力能夠繼續再戰。

　　股票市場充斥著各式各樣的預測數字，但是沒人能夠準確預測未來的所有事情，獨立思考才是王道。預測的數字一定存在重大偏誤的可能性，操作股票角度上要保持滾動式修正，利用投資策略來面對未來的不確定性，更別說有些賭性堅強的投資人，使用融資或沒有合理資金控管直接梭哈，一旦遇到一次崩盤，就很

容易受重傷輸到脫褲子。最慘的狀況是一朝被蛇咬十年怕草繩，從此畢業退出股票市場，之後精材股價順利大漲到 200 元之上，再也沒有翻身的機會。

圖7-4 2020/2/29 經濟日報報導精材內容

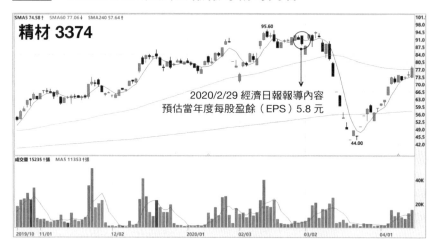

圖7-5 精材 109/02/29 澄清經濟日報報導內容

序號	1	發言日期	109/03/02	發言時間	09:50:55
發言人	林中安	發言人職稱	副總經理	發言人電話	433-1818
主旨	澄清2/29經濟日報對本公司之報導				
符合條款	第 53 款	事實發生日	109/02/29		
說明	1.事實發生日:109/02/29 2.公司名稱:精材科技股份有限公司 3.與公司關係(請輸入本公司或子公司):本公司 4.相互持股比例:不適用 5.傳播媒體名稱:經濟日報 6.報導內容: ...今年每股純益挑戰5.8元... 7.發生緣由: 本公司並未對外提出任何營收獲利預估,上述報導均為媒體或法人自行臆測,請投資人審慎判斷,以保障自身權益。本公司所有財務資訊悉依規定於公開資訊觀測站公佈。 8.因應措施:發佈重大訊息,澄清媒體報導。 9.其他應敘明事項:無。				

　　資料來源：精材公司

圖7-6 預測數字一定存在偏差的可能性，操作上要保持滾動式修正

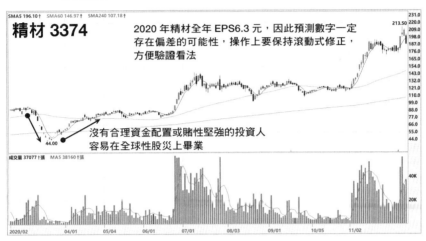

不管你是信仰著哪一種投資方法才選擇股票市場，一定要先知道投資入門心態是「先學會不要輸，然後才能真正的獲利」。

新手投資人應優先建立4大停損準則

1. 絕對停損（最高準則）

每一筆交易虧損進入 -10% ～ -15% 區間，應嚴格設定最後停損價位，且最高不超過 -15%。

2. 時間停損

買進一檔股票後，結果股價不動如山，量縮盤整到千張以下不知道何時開始上漲，在考量機會成本下，這筆交易持有超過 60 個交易日以上，可以先行出場。

3. 型態停損

當股價區間橫盤超過 3 個月，季線進入箱體內開始鈍化，則停損設定箱底位置。

4. 均線停損 。

以季線（60 MA）為最後停損的底線。

E大心法

面對股票市場上各式各樣的預測數字，操作上必須保持滾動式修正，利用投資策略面對未來的不確定性。

7-4
股價容易領先基本面 3～6個月以上

　　一檔股票來到低檔底部區的時候，大股東或公司高層一旦知道公司營運即將脫離谷底邁向成長動道階段，就會利用當時營收不好的利空消息，使股價進入跌無可跌階段，三大法人持續賣超、領先知道內線消息的人，就會趁機在股價低檔時慢慢囤貨。

　　隨著公司的獲利和題材開始在市場發酵，法人也開始進場成交量持續放量上漲，直到投資人看到新聞出現利多消息「全年營收維持年成長、上修全年營收預測、營運將持續季成長」的言論充滿整個市場時，表示股價已經領先大漲一段，這就是因為資訊不對稱的關係，才會導致股價通常領先基本面反映 3 ～ 6 個月的時間。

　　所謂一樣米養百樣人，相同的利多消息內容對於每一位投資人而言，會因為分析理解能力的不同，造成買進與賣出的決策差異。以宏觀角度來思考，股票市場就是市場呈現的消息，對每一位交易者都是客觀且相同的，不公平是自己所造成，因為你對消息面做了篩選，才會導致不同的結果。

　　一般投資人都是先看著技術面股價上漲，才會透過基本面證

實營收成長或創高的訊號。如果公司訂單能見度可以長時間維持成長，看到利多消息曝光後再進場都來得及。

反之，公司訂單能見度只是曇花一現的急單湧入，那麼看著基本面創新高後買進，就容易買在股價相對高點便立即反轉被套牢，因此，新手操作應遵守如下的順勢交易原則。

避免基本面的落後問題，技術面順勢交易的 3 原則

1. 股價破季線（技術面弱）＋營收與獲利成長（基本面強）

　　→主力在出貨

2. 股價創高（技術面強）＋營收月成長或獲利剛轉盈（基本面弱）

　　→正在醞釀大行情

3. 股價創高（技術面強）＋營收與獲利成長（基本面強）

　　→中長線多頭格局

普遍投資人想進行底部炒底動作，時常不知道未來行情股價能推升多高、多久。基於「買股票是買未來」的前提，股價落底時間容易領先基本面轉強時間，未來股價上升在很多情況下，取決於基本面谷底回升後的訂單能見度（研究報告常講先蹲後跳）與法人進場意願。

此時，可以觀察「法人買超張數或持股比率」與「技術面底部爆新高量起漲」。在放量起漲過程中，主力快速收集到部分籌碼，都表現了股價拉升初期籌碼集中與穩定性。若主力買超力道不足，直接影響著股價推升的高度，在面臨技術面前波高點的賣

壓與炒底資金獲利了結賣壓（雙重壓力）時，主力很容易出脫籌碼，上漲力道便難以延續。

圖7-7　股價底部回升：法人買盤激增，底部爆量站穩季線

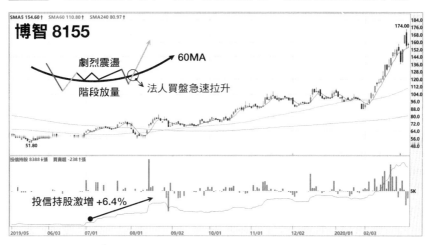

E大心法

因為資訊不對稱的關係，導致股價通常領先基本面反映 3
～ 6 個月的時間。

7-5

量價不會同時到頂，
新高量容易有新高價

　　技術分析指標相當多種，但追根究柢都是從股價與成交量延伸出來，正所謂「量是因，價是果」，強勢股上攻幾乎都是明顯出現量增，反之量縮會守穩支撐不破。**不論是套用在大盤與個股，基本思考邏輯都是一樣的，也就是有量才會有價**，相反地，沒量就無價，進場一檔股票必須注意成交量不可低於 500 張以下，這種情況的股票技術面容易呈現無量擴底。

圖7-8 成交量低能，股價也會相對沉悶

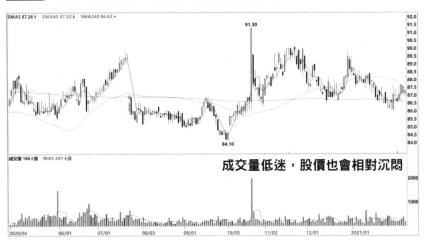

　　有一句話說的好：「時間，才是人生最大的奢侈品，懂得利用時間的人，最有價值。」進場一檔無量的股票，容易浪費時間成本，另一方面容易產生「流動性風險」。因為五檔報價的委買委賣單子也會比較少，容易買賣在不理想的價位，量少甚至更容易受到特定人籌碼干預，盤中刻意拉抬與壓低變成不合理的上沖下洗走勢。

　　通常成交量少於 500 張以下的個股，突然爆出千張以上的量，都需要合理懷疑主力一面逢高調節出貨，另一方面往上做量炒熱氣氛吸引到短線與當沖客，這時候就要搭配券商分點買賣報告資料中做檢視。

　　所以，我們在選擇股票進場的同時，技術面建議要符合 5 日均量超過 1000 張以上，特別是強勢股起漲前都會符合「量先價行」的口訣——「量價不會同時到頂，新高量之後容易有新高價」。

圖7-9　健策箱體內爆出新高量後，股價最高漲幅達 61%

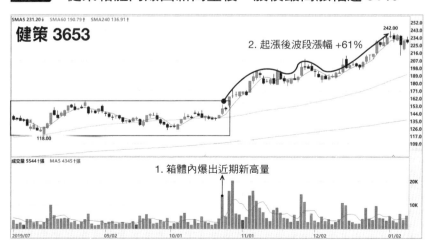

圖7-10 台表科箱體內爆出新高量後，股價最高漲幅達 58%

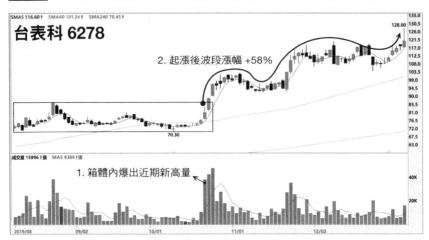

E大心法

選擇股票進場的同時，技術面建議要符合 5 日均量超過 1000 張以上。

7-6
強勢股要追高賣更高，
用五日線判斷最準

　　強勢股是指 K 棒低點越來越高、高點持續創高，經過籌碼不斷的換手，股價會不回頭地一直大漲。上漲過程中，匯集利多消息與人氣市場看法一面傾向做多，最終義無反顧的追買股票，當面對這樣的量增價漲強勢股，只有一個策略「勇於突破買進、確實停損停利」。

　　一般投資人心態最矛盾且弔詭的地方是，大家都想買到飆股，卻沒有追突破的勇氣及抱住飆股的心理素質。畢竟投資人容易看著過去驚人的股價漲幅而產生懼高症，突破買進的操作建議是紅 K 棒買進、脫離 5 日均線停損停利，強勢股只會以仰角 45 度的走勢向上大漲，K 棒低點越來越高、高點持續創高，即使短線回檔能夠在 3 日內迅速止穩轉強。

　　抱股票的過程中，如果要防止盤中主力進行洗盤動作，變數最少的情況下，是等到每日收盤前，大約 13:00 之後進行判斷，就能夠知道當日是收相對高與相對低。

　　很多投資人容易在一開盤做決策，沒有耐心等待當日走勢結束確認趨勢，這樣不能夠有比較好的交易品質，任何一種方法都

會有遇到錯誤的時候，因此你就必須允許自己犯錯。交易所導致大賠的結果不外乎這十六字箴言「看錯方向、不設停損、加碼攤平、凹單留倉」，當遇到不如預期的走勢時，先立刻賣一半，等情緒冷靜後再決定後續停損位置。

圖7-11 多方格局 K 棒低點越來越高、高點持續創高，即使短線回檔能夠在 3 日內迅速止穩轉強

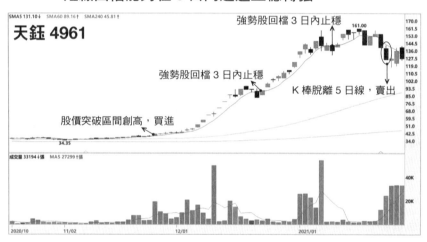

圖7-12 K 棒完全脫離 5 日線示意圖，防止主力洗盤提早下車

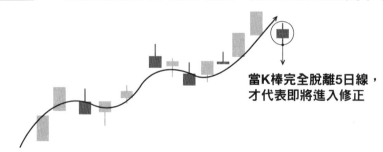

7-7
如何快速判斷股票「拉回買進」與「突破買進」？

　　季線（60 日移動平均線）是用來判斷一檔個股的多空方向，季線持續朝上發展稱為多頭行情，而季線持續朝下則為空頭行情。在多頭走勢中，如果股價是沿著 60 日均線亦步亦趨地穩定向上走高，屬於穩定型走法。

　　此時，可以使用技術指標中的「均線軌道線」，「均線軌道線」就是乖離率的呈現方式。如果將 60 日均線乖離率上下參數設為 ±10% 套用在 K 線圖，股價過去一段時間走勢長期在均線軌道線，限制在上下 10% 之間震盪，碰到上軌 60 日均線 +10% 乖離率，股價容易被拉回；而跌到下軌 60 日均線 -10% 乖離率，股價容易漲上去。

　　常見於股本超過 40 億以上的中大型股，與築底期間的小型股，股價容易保持在軌道內，建議採取拉回季線買進（與季線距離 < 3%）。

圖7-13 K 棒慣性維持在季線軌道線內，則採取拉回接近季線買進

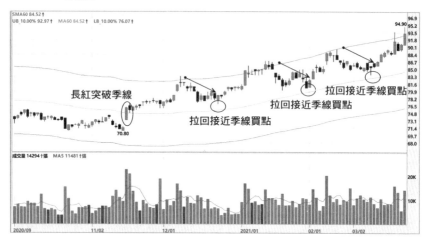

反之，出現量增價漲的紅 K 棒突破上軌，且型態突破整理區間，建議採取突破買進，連續噴出長紅 K 棒是最理想的狀態。但往往初升段行情中，K 棒以長紅或跳空的方式，突破上軌創近期新高，很容易吸引短線與當沖客搶進。

即使未來行情還有利多，很多時候主力會刻意壓低回測長紅 K 棒一半，或低點位置將搶短籌碼甩掉再上攻。如果**資金允許的話，最好的「分批進場」方式為：1. 突破上軌買點、2. 拉回長紅買點、3. 再突破新高買點。**

綜合以上論點，季線軌道線的 ±10% 乖離率，方便看出股價波動慣性，K 棒慣性維持在季線軌道線內採取「拉回季線買進」作法，K 棒帶量突破上軌採取「突破買進」作法，未來股價可能展開波段行情。

圖7-14 K 棒突破季線軌道的上軌後，最好「分批進場」

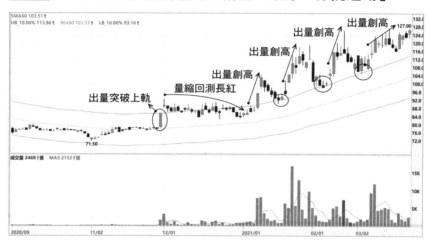

圖7-15 K 棒慣性維持在季線軌道線內採取「拉回季線買進」作法，K 棒帶量突破上軌採取「突破買進」作法

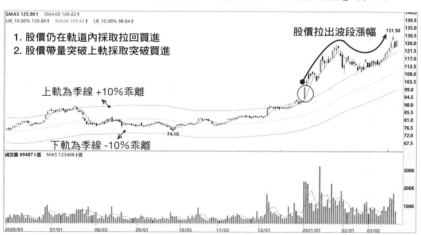

圖7-16 均線軌道線參考設定

技術分析設定   ×

移動平均(S) │ 主圖指標(I) │

設定(F) │ 日線圖 ▼│ 的指標及參數值   套用到全部的資料頻率(A)

☐ 鱷魚線(V)

☐ CDP值(Z)

☑ MA軌道線(W)   天數 │60 ÷│ 上: │10.00 ÷│ % 下: │10.00 ÷│ % 各: │1 ÷│ 條線

☐ BBand軌道線(X) 天數 │20 ÷│ 上: │2.00 ÷│   下: │2.00 ÷│   各: │1 ÷│ 條線

☐ SAR(Y)   起始: │0.02 ÷│ 累加: │0.02 ÷│ 最高: │0.2 ÷│

☐ 日平均圖(O)   短天: │9 ÷│   中天: │26 ÷│ 長天: │52 ÷│

☐ 價量累計圖(H)   分價區間: │10 ÷│ 筆 顯示: │不顯示 ▼│

☐ ZigZag線(D)   扭轉條件: │5 ÷│ 計算方式: │百分比 ▼│ 計算基準: │收盤價 ▼│

☐ 三閱價(T)

完成(K)   取消(C)

7-8
指數跌破十年線，
跟著國安基金進場撿便宜

　　股票市場中，很多人都會引用股神巴菲特說過的投資名言：
「別人貪婪時恐懼，別人恐懼時貪婪」。就算不會看技術指標，
不了解總體經濟與個股基本面，要是能夠掌握市場低迷的氛圍，
大膽進場照樣能夠笑著賺錢。

　　而股票市場中觀察恐慌指標是「國安基金進場的時刻」，也
就是國家金融安定基金設置及管理條例第 8 條「國內、外重大事
件、國際資金大幅移動，顯著影響民眾信心，致資本市場及其他
金融市場有失序或有損及國家安定之虞」的情形。

　　根據歷史經驗來看，國安基金為了有效拉抬加權指數達到救
市的效果，都會挑選元大台灣 50（0050）的成分股，而這種操
作邏輯符合「危機入市」與「價值投資」的定義。

圖7-17 第一次國安基金進場 2000/03/15~03/20

【說明】
投入原因：中華民國第一次政權交替，中國總理朱鎔基發表恫嚇言論
投入加權指數點位：8,683 點　　　　投入時間：5 天
投入金額：542 億　　　　　　　　投資報酬率：9.25%

圖7-18 第二次國安基金進場 2000/10/02~11/15

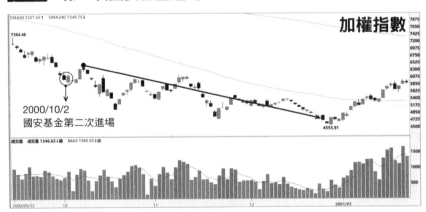

【說明】
投入原因：網際網路泡沫、以巴衝突使國際原油價格大漲
投入加權指數點位：5,805 點　　　　投入時間：43 天
投入金額：1227 億　　　　　　　　投資報酬率：18.42%

圖7-19 第三次國安基金進場 2004/05/19~06/01

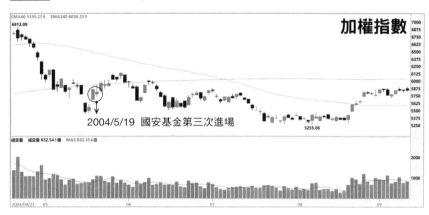

2004/5/19 國安基金第三次進場

【說明】
投入原因：總統大選 319 槍擊事件
投入加權指數點位：6,359 點　　　　投入時間：12 天
投入金額：16 億　　　　　　　　　投資報酬率：2.1782%

圖7-20 第四次國安基金進場 2008/09/19~12/17

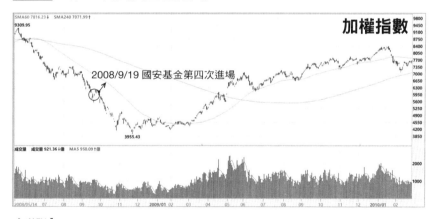

2008/9/19 國安基金第四次進場

【說明】
投入原因：2008 年金融海嘯、雷曼兄弟倒閉
投入加權指數點位：5,641 點　　　　投入時間：90 天
投入金額：600 億　　　　　　　　　投資報酬率：53.61%

圖7-21 第五次國安基金進場 2011/12/20~2012/04/20

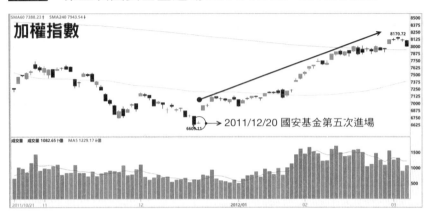

【補充說明】
投入原因：歐洲主權債務危機、金正日過世
投入加權指數點位：6,966 點　　　　　投入時間：120 天
投入金額：424 億　　　　　　　　　　投資報酬率：+8.73%

圖7-22 第六次國安基金進場 2015/08/25~2016/04/12

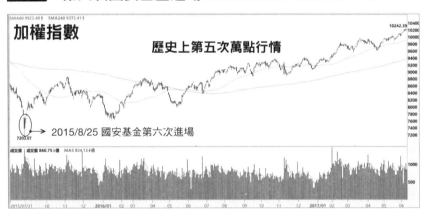

【補充說明】
投入原因：美國升息不確定性、全球經濟復甦遲緩、人民幣劇貶、亞洲多國家貨
　　　　　幣競相貶值，恐慌性投降式拋售
投入加權指數點位：7,676 點　　　　　投入時間：232 天
投入金額：187 億　　　　　　　　　　投資報酬率：+6.16%

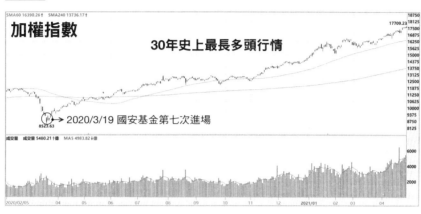

圖7-23 第七次國安基金進場 2020/03/19~2020/10/12

【補充說明】
投入原因：新冠肺炎全球大流行　　投入加權指數點位：8,681 點
投入時間：207 天　　投入金額：7.5 億　　投資報酬率：+34.08%

　　如果仔細觀察這七場國安基金進場戰役，排除第二次 2000 年 10 月、第四次 2008 年 9 月的時間點進場之後，指數仍持續重挫，並非 100% 起漲點的保證。

　　但是每一次會動用到國安基金的時候，一定是遇到空前絕後的股災，新聞媒體或報章雜誌對市場一片看衰。事實告訴我們要「買在最低點、賣在最高點」，這極為困難，就連國安基金都沒辦法辦到，指數要跌破十年線這種超級均線幾乎可遇不可求。因此跟著國安基金進場大膽危機入市，買進大型績優股進場，操作週期拉長到國安基金退場，最終也能夠賺錢。

　　當惶恐時刻，所有散戶都會人云亦云，不如從歷史經驗判斷，什麼時候才是最理想的進場點和出場點，更重要的是這些規則能夠用來保護我們。

7-9
來回賺價差口訣：
買在凹洞量、賣在高檔10倍量

　　關於成交量的投資金句為「新手怕沒量，老手怕爆量」，不論是股市的新手或老手，技術面多半都會用成交量輔助做為投資決策的依據，畢竟成交量是真金白銀堆疊出來的指標技術，分析上的重要性當然不言可喻。

　　主力掌握到一家公司營運即將有利多發酵時，就會在股價低點默默買進，此時成交量不大，當籌碼達到一定數量後，就會開始呼朋引伴，將利多消息發佈給外圍有一定程度資金規模的特定人士，例如：基金經理人、新聞媒體、國內外法人研究員、內資大戶等等，在利多消息發酵時拉抬。

　　因此「買在低檔沒量，賣在高檔爆量」是大家常常在教科書中學習到的觀念，換成我的作法是「買在凹洞量、賣在高檔 10 倍量」。

　　第 5 章有提到窒息量的買進方法，而**窒息量也能稱作凹洞量**，方便讀者們能記住「**買在凹洞量、賣在高檔 10 倍量**」的口訣，遵循著這項口訣，即使是盤面熱門股也能夠巧妙避開主力順利出貨的機會，甚至達到低買高賣的來回作價差的操作。

　　凹洞量，顧名思義就是主力正在進行量縮洗盤階段，一直縮到幾乎無量時便產生窒息量，背後邏輯為主力惜售籌碼，當把沒信心浮額洗乾淨後再順利拉出長紅 K 棒，這時候就出現「凹洞量」，是抓住股價短線轉折的訊號。

　　這裡讀者們需要注意的是，凹洞量是相對的概念，同一個箱體內可能會有許多量縮洗盤的訊號，只要 K 棒沒有破箱底，都算量縮洗盤階段。這時候主力可能在等待利多消息發佈前後開始拉抬股價，等待的期間就能好好的觀察基本面和技術面的變化，接著就能利用凹洞量後的長紅 K 棒，當作買進訊號。

　　當基本面利多消息公告後，股價正向反應突破箱頂創高，代表技術面追高的散戶慕名而來，拉抬股價是主力最終必要的手段，否則股票抱著沒賣就是沒有賺錢進口袋，一旦出現符合凹洞量的 10 倍量能產生，就代表短線上過熱，隨時都有主力下車的嫌疑。

　　最慘的狀況是籌碼早就換手過一輪，最先佈局的第一批主力，早就將股票出的乾乾淨淨所造成的 10 倍量能，因此凹洞量的十倍量就會當作賣出訊號。

　　以圖 7-24 為例，2020 年 8 月到 11 月長榮（2603）箱型整理平台時的凹洞量，出現在 10/21 的 49,827 張，兩天後 10/23 的長體紅 K 棒站上凹洞量的 K 棒之上，為買進訊號。

圖7-24 長榮凹洞量的買進訊號

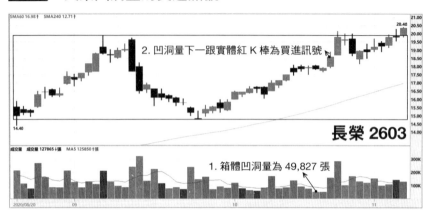

再以圖 7-25 為例，長榮（2603）凹洞量的 10 倍，為 49,827 張 ×10 倍，約為 49.8 萬張。因此，股價突破創高後，只要 K 棒爆出大於 49.8 萬張的成交量就有過熱訊號，就在股價大漲 70% 後的 12/29 出現 88 萬張的成交量，此時符合過熱訊號短線應尋找賣點，先前沒進場就別在追高買進，應等待下一波籌碼沉澱過後再買進，以免短線套牢下場。

如果遇到 MSCI 全球標準指數（MSCI Global Standard Index）中被動基金持股調整，每年的 MSCI 會有四次調整指數權重及成分股，分別是在 2 月底、5 月底、8 月底、11 月底，季度調整影響的成交量最後一盤爆量，則可以直接忽略。

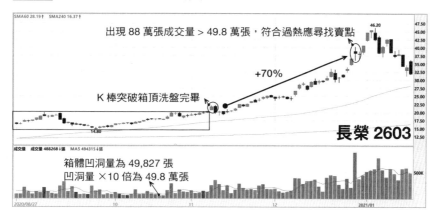

圖7-25　長榮 10 倍量的賣出訊號

E大心法

窒息量也能稱作凹洞量，買進方法的口訣為「買在凹洞量、賣在高檔 10 倍量」。

7-10
「融資」對股市造成影響的 3個階段！

股價每天的上漲與下跌來自買賣力道，當買的張數大於賣的張數，股價就會漲。反之，當賣的張數大於買的張數，股價就會跌，其中籌碼面最不安定的力量往往是融資。

融資是指一般投資人向證券金融公司借錢來買股票，而主力通常會向成本較便宜的丙種墊款取得資金，三大法人則是只能用自有的資金。融資 = 借錢買股票，槓桿倍數 2.5 倍。也就是一張10 萬元的股票，只須準備 4 萬元（10 萬元 ×40%），其餘六成和證券商借款買進股票，槓桿程度為 2.5 倍（4/10= 2.5）。也就是用 4 萬元去買進 10 萬元的股票部位，所以融資容易代表散戶投資人的短線力量。

第一階段：行情在半信半疑中成長，融資合理同向增溫

多頭格局的上漲初期散戶的把握度不高，多數散戶仍在一旁觀望，甚至小心翼翼的追逐新高，當散戶融資買股票後，無論是

賺錢或賠錢都隨時想離場。此時，融資增加百分比應該約小於或等於股價上漲的百分比，融資隨著成交量的遞增而上漲，是股市行情的正常特性。同理，也符合量增價漲關係，表明股價將繼續上升，投資人在這個階段還不需要擔心行情過熱，只須控制好資金比重大膽進場。

圖7-26 行情在半信半疑中成長，融資合理同向增溫

第二階段：行情在全面樂觀中毀滅，
融資過熱散戶瘋狂進場

當行情從半信半疑進入全面樂觀階段，散戶就會開始瘋狂增加槓桿部位，所以向證券金融公司借錢買股票融資餘額會快速增加，這時候新聞媒體容易充斥股票利多和財富自由雞湯文，進而影響散戶們希望快速致富的貪念。

　　融資增加的百分比遠大於股價上漲的百分比，表示股票市場上的法人或主力大戶們正在退場將股票賣給散戶，在散戶滿手股票的情況下，市場中的籌碼自然就凌亂了。當投資人現發現融資增加的幅度太快，且遠大於加權指數的漲幅，建議應該保持五成現金、五成股票持股，減少手中高本益比持股，多採取價值投資面角度選股持盈保泰。

圖7-27 行情在全面樂觀中毀滅，融資過熱散戶瘋狂進場

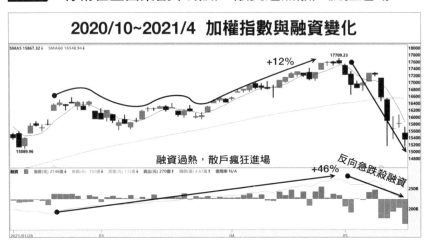

第三階段：行情總在絕望中毀滅，
融資全面斷頭離場行情落底

　　當行情開始反轉出現恐慌性殺盤，要留意融資多殺多賣壓逐步出籠。以股價 100 元的股票來說，股價跌到 78 元時，會被發融資追繳股票現值／融資金額（78,000÷60,000×100% ＝

130%）。當股價跌到融資維持率「小於」130% 時，券商就會發出「融資追繳令」，要求客戶「補錢」進而引發多殺多。

　　此時可以觀察加權指數的融資維持率，當加權指數融資維持率下跌接近 130% 或小於 130% 時，符合危機入市條件，代表斷頭賣壓都已經出籠，則下跌壓力小。此時，建議投資人買進股票可以分批逢低承接。

　　股市有一句名言為：「融資不死空頭不止！」每一次融資戶投降後代表下跌格局結束，此時就可以買進股票。因為散戶融資是借錢買票，壓力一定比拿現金買股票的投資人更大，當融資戶不堪虧損而賣出手上的持股，融資餘額快速減少，融資的賣壓就消化完成，上市櫃公司籌碼也會漸漸安定。

圖7-28 行情總在絕望中毀滅，維持率降至 130% 以下融資斷頭離場、行情落底

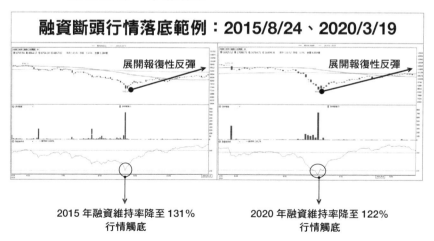

融資斷頭行情落底範例：2015/8/24、2020/3/19

2015 年融資維持率降至 131%
行情觸底

2020 年融資維持率降至 122%
行情觸底

7-11
戰勝股票市場，
先搞定投資心態！

　　當市場上使用的方法都大同小異，那麼最後決勝負的關鍵就在投資人身上。新手投資人進入股市常常虧錢，是因為沒有交易策略、缺乏時間耐心等待、心理素質不佳、容易人云亦云跟明牌。

　　讀者如果能夠依靠本書內容，打造出屬於自己的操作與選股模式，甚至以每年能創造投資報酬率 20% 為目標，可能不同年份會有不同報酬率。只要年化報酬率達到 20%，就能夠和股神巴菲特並駕齊驅，每年持續複利也能達到真正的財富自由，圖 7-29 簡易規劃出本金 100 萬的 15 年複利循環。

　　好的進場時機需要時間來耐心等待，同樣的資產成長也需要時間來醞釀。為什麼法人容易贏錢？事實上法人除了可以用資金部位龐大優勢之外，他們都遵守著自己的交易策略，相對地，一般投資人資金大多都不比法人多，更要耐心地等待進出場訊號成立。

　　沒有人規定一定要幾天或幾週內賺到一年的目標，凡事先做最保守的打算，並非是一種不思進取的消極心態，反而是最佳的防守。即使出現不如預期的利空事件，一切有可能造成恐慌性殺

圖7-29 年化報酬率 20% 的投資績效簡易規劃表

第N年	期初金額	年度報酬	期末淨值
1	100	20%	120
2	120	20%	144
3	144	20%	172
4	172	20%	**207**
5	**207**	20%	248
6	248	20%	298
7	298	20%	358
8	358	20%	430
9	430	20%	516
10	516	20%	619
11	619	20%	743
12	743	20%	891
13	891	20%	**1070**
14	**1070**	20%	1284
15	1284	20%	1540

盤的危險，都不會讓你一次從股市中畢業，甚至預想最壞的結果，並且從容地接受它們，才有資格享受最好的結果。

最後做一個簡單的比喻：「股市投資跟減重健身的過程很像」，任何一個營養師和健身教練都會說的，減重基本要訣是「控制三餐飲食」，絕對不是買一個昂貴健身器材或減肥藥就能達成。 坊間的減肥方法與投資方法卻有成千上萬種，新手最容易誤信旁門左道，去追求所謂的「快速減肥」、「快速致富」，而忽視最基礎鍛鍊，導致無法有一個長期穩定的成果。

原因很簡單，就是不存在「速成」。雖然股神巴菲特說過：

「懶人的最佳投資模式是買進並持有指數型基金。」卻沒有說懶人能夠靠指數型基金快速致富，最後大家不妨檢驗一次贏家遵守的關鍵十項投資新法。

贏家遵守的關鍵十項投資心法

☑ 1. 不要一次學多種方法，而是將一種方法練到專精。

☑ 2. 眼前價格變化足夠反映已知的利多與利空消息。

☑ 3. 法人籌碼不是股市標準答案，波段獲勝的人才是贏家。

☑ 4. 別花心思預測股價短線漲跌，而是理性面對行情、滾動式修正做法。

☑ 5. 報酬風險比至少要有 2:1 操作原則。

☑ 6. 做最保守的打算，才有資格享受最好的結果。

☑ 7. 堅持自己的交易策略，持續重複做會賺錢的事情。

☑ 8. 股價會創高的就是主流。

☑ 9. 別用短線漲跌決定波段的方向。

☑ 10. 聽信明牌的獲利與判斷錯誤的虧錢，都要自我檢討。

25 個練習題，
測驗自己是不是
投資高手！

　　以下是 E 大根據本書內容，精心設計的 25 道練習題，用來測驗讀者的投資能力等級。請在 20 分鐘之內完成這些題目，看看吸收了多少「E 式戰法」！（單選／每題 4 分）

Q 01 請問以下的萬海（2615）K線圖，符合下列哪一種趨勢？

A. M 頭 　　 B. 多頭 　　 C. 逃命反彈

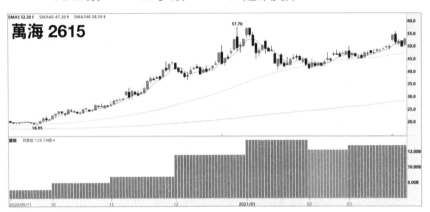

Q 02 請由以下的萬海（2615）箱型區間，判斷箱底位置是哪一個？

A. 位置 A 　　 B. 位置 B 　　 C. 位置 C

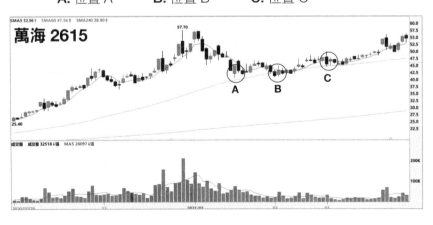

Q 03 請由以下的萬海（2615）箱型區間，判斷拉回買進的位置是哪一個？

A. 位置 A　　　　**B.** 位置 B　　　　**C.** 位置 C

Q 04 請由以下的萬海（2615）箱型區間，找出突破買進的位置是哪一個？

A. 位置 A　　　　**B.** 位置 B　　　　**C.** 位置 C

Q 05　請問萬海（2615）的股價突破箱型後，採取五日線脫離法的移動，停利位置在哪？

　　　　A. 位置 A　　　　**B.** 位置 B　　　　**C.** 位置 C

Q 06　請問國巨（2327）的股價破季線（技術面弱）＋營收成長（基本面強），代表什麼意義？

　　　　A. 主力在進貨　　　**B.** 季線附近築底　　　**C.** 主力在出貨

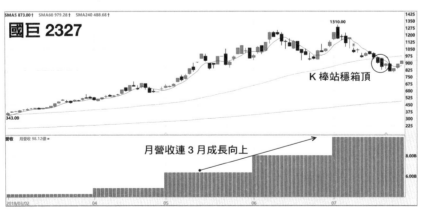

Q 07 請問金麗科（3228）的股價站穩季線（技術面強）＋營收成長（基本面弱），代表什麼意義？

A. 正在醞釀大漲行情　　**B.** 主力邊拉邊出　　**C.** 反彈逃命波

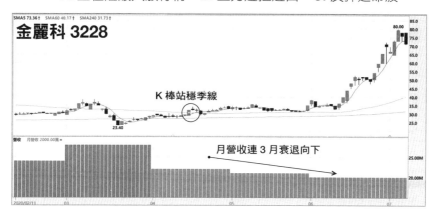

Q 08 請問宏捷科（8086）的股價站穩季線（技術面強）＋營收成長（基本面強），代表什麼意義？

A. 主力正在出貨　　**B.** 中長線多頭行情　　**C.** 短線多頭行情

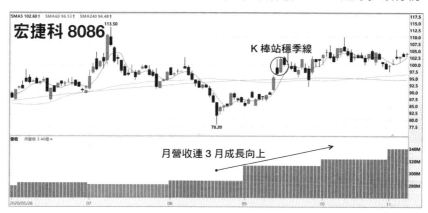

Q 09 請問恆大（1325）採取箱型區間的型態，停損在哪個位置？

A. 位置 A　　　B. 位置 B　　　C. 位置 C

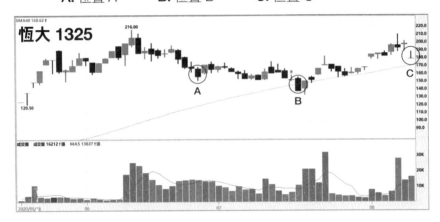

Q 10 請問箱型區間整理3～6個月之間，當股價突破箱頂後，期望報酬為多少？

A. 10% 以上　　　B. 15% 以上　　　C. 20% 以上

Q 11 請問箱型區間整理一年以上，當股價突破箱頂後，期望報酬為多少？

A. 20% 以上　　　B. 30% 以上　　　C. 50% 以上

Q 12 請問投信跟單策略，選擇投信持股比率多少時為黃金比例？

A. 0%~5% 以上　　　B. 10%~15% 以上　　　C. 15% 以上

Q 13 請問增加高殖利率，買進勝率的最佳時間點是下列何者？

A. 12 月份　　　B. 10 月份　　　C. 7 月份

Q 14 請問行情在絕望中落底，會參考融資維持率降到多少以下？

A. 170% 以上　　B.150% 以上　　C. 130% 以上

Q 15 請問指數在季線與年線之上，建議的資金配置方式為何？

A. 九成股票部位　　B. 五成股票部位　　C. 三成股票部位

Q 16 請問籌碼跟單技巧中的哪一種，是主力連續追高？

A. 低檔佈局型　　B. 銀彈拉抬型　　C. 過去不買、突然急買

Q 17 請問股價進入初升段以前，要採取哪一條均線買進？

A. 月線　　　B. 季線　　　C. 年線

Q 18 請問籌碼跟單技巧中的低檔佈局型主力，建議採取的買進方式為下列何者？

A. 突破箱頂買進　　B. 拉回季線買進　　C. 長黑K棒買進

Q 19 請問新手投資人，應避免買日均量多少張以下的股票？

A. 5000 張　　B. 1000 張　　C. 500 張

Q 20 請問投信重壓股應該在什麼時候提高警覺，防止結帳賣壓？

A. 季底　　B. 年底　　C. 月底

Q 21 請問波段操作若要盤中防止主力洗盤，要等到每日收盤前幾點之後判斷？

A. 11:00　　　B. 12:00　　　C. 13:00

Q 22 請問高殖利率與高配息率的條件，分別為多少？

A. 五年平均配息率 > 70%、五年平均殖利率 > 6%
B. 五年平均配息率 > 60%、五年平均殖利率 > 5%
C. 五年平均配息率 > 40%、五年平均殖利率 > 4%

Q 23 請問箱型強勢整理的箱頂至箱底，震幅為多少？

A. 15%~25%　　　B. 15% 以內　　　C. 25% 以上

Q 24 請問4大停損準則中的時間停損，買進一檔股票後若股價不動如山，應超過幾個交易日後先出場？

A. 10 日　　　B. 20 日　　　C. 60 日

Q 25 請問要找到公司進入高速成長期，「月營收」設定的選股條件為下列何者？

A. 單月營收年增率 > 0%
B. 單月營收創六個月新高
C. 單月營收創歷史新高

測驗解答

A01　　B

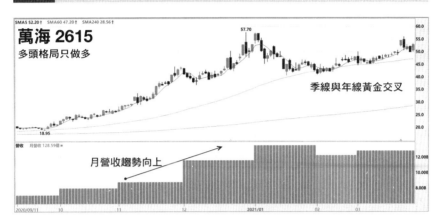

A02　　A

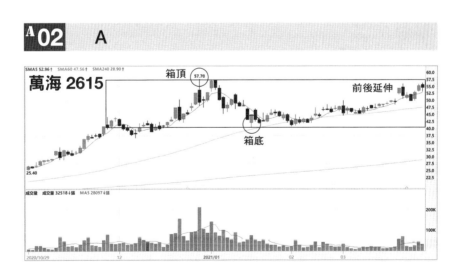

A03 B

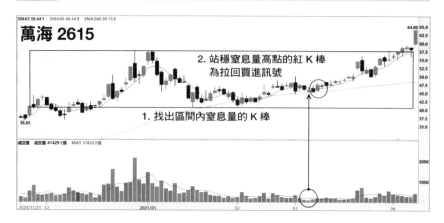

萬海 2615

2. 站穩窒息量高點的紅 K 棒
為拉回買進訊號

1. 找出區間內窒息量的 K 棒

A04 C

A05 C

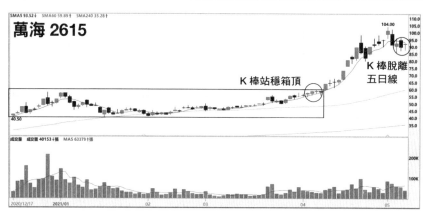

萬海 2615

K 棒站穩箱頂

K 棒脫離
五日線

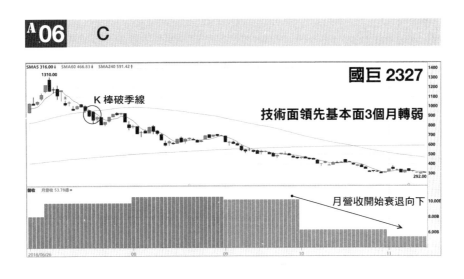

A06　C

國巨 2327

技術面領先基本面3個月轉弱

K 棒破季線

月營收開始衰退向下

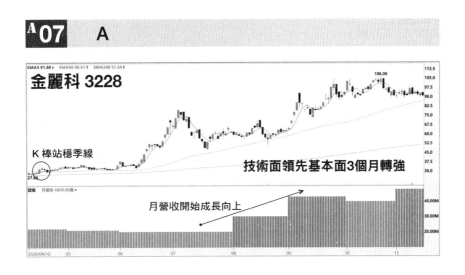

A07　A

金麗科 3228

K 棒站穩季線

技術面領先基本面3個月轉強

月營收開始成長向上

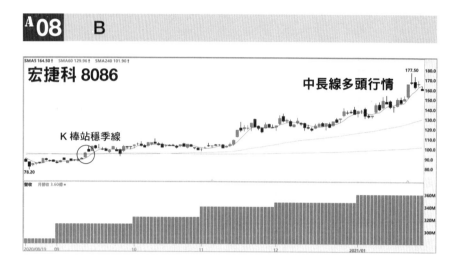

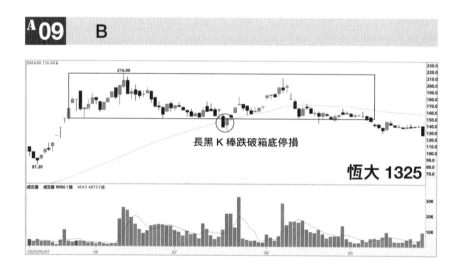

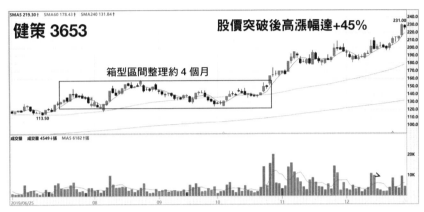

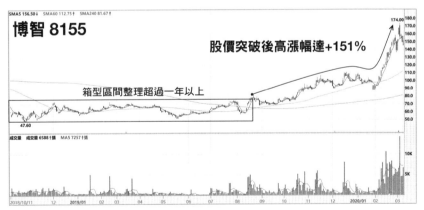

A12   A

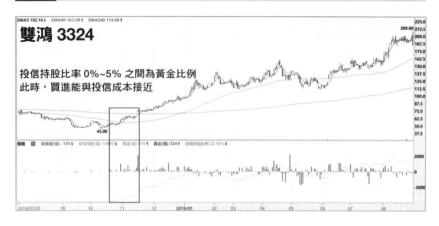

SMA5 192.10↓　SMA60 163.09↑　SMA240 114.68↑

雙鴻 3324

投信持股比率 0%~5% 之間為黃金比例
此時，買進能與投信成本接近

投信 圖 買賣超(張) -185↓　投信持股(張) 18890↓　買進(張) 139↑　賣出(張) 324↓　投信持股比例 22.56%↓

A13   A

說明：11月份到隔年的3月份之間的財報空窗期。

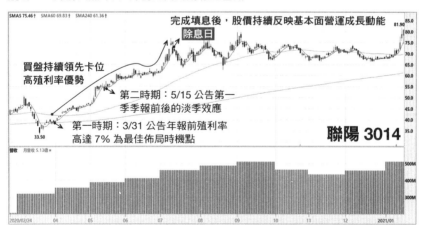

SMA5 75.46↑　SMA60 69.83↑　SMA240 61.36↑

完成填息後，股價持續反映基本面營運成長動能
除息日

買盤持續領先卡位
高殖利率優勢

第二時期：5/15 公告第一
季季報前後的淡季效應

第一時期：3/31 公告年報前殖利率
高達 7% 為最佳佈局時機點

聯陽 3014

營收　月營收 5.13億 ↑

A14　C

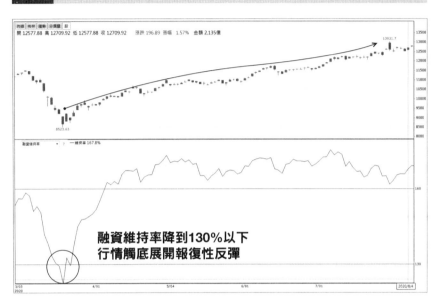

融資維持率降到130%以下
行情觸底展開報復性反彈

A15　B

指數在季線與年線之上，股票部位保持五成到七成之間。

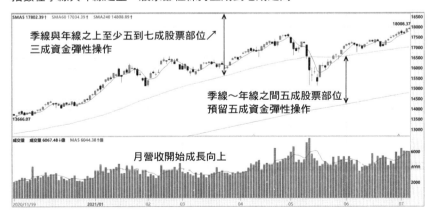

季線與年線之上至少五到七成股票部位↗
三成資金彈性操作

季線～年線之間五成股票部位
預留五成資金彈性操作

月營收開始成長向上

A16 B

廣錠 6441

【國票中港】為銀彈拉抬型主力

A17 B

說明：季線為股價生命線。

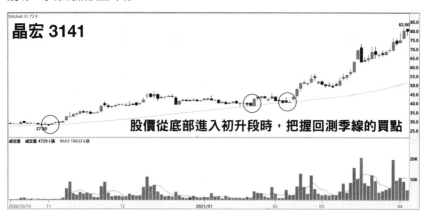

晶宏 3141

股價從底部進入初升段時，把握回測季線的買點

A18　A

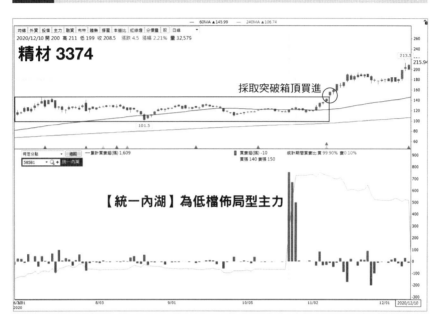

精材 3374

採取突破箱頂買進

【統一內湖】為低檔佈局型主力

A19　C

說明：日均量500張以下的股票，容易陷入流動性風險。

成交量常期在500張以下，容易
陷入流動性風險與主力邊拉邊出

A20 　　A

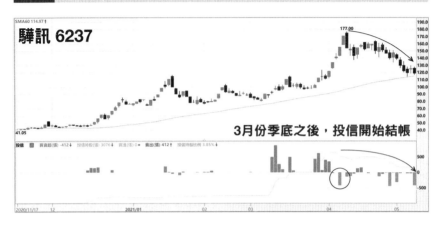

驊訊 6237

3月份季底之後，投信開始結帳

A21 　　C

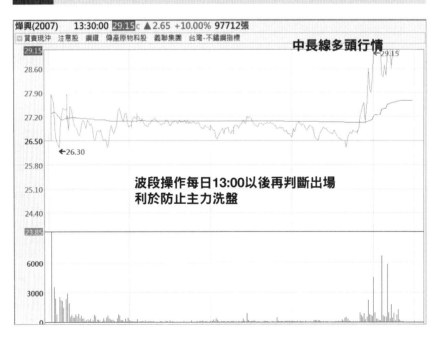

中長線多頭行情

波段操作每日13:00以後再判斷出場
利於防止主力洗盤

A22 A

A23 B

A24 C

A25 B

─────── 測驗結果 ───────

以上每題4分，對好答案後，看看自己得幾分吧！

100分 投資觀念非常正確，財富自由離你越來越近了。

90～80分 你是邏輯清晰的投資高手，穩定獲利100%就差一步。

80～70分 有投資潛力，把不熟悉的部分再看一遍吧！

70～60分 找到盲點了，快各個擊破它們，加油！

60分以下 別氣餒，再看一遍就能融會貫通。

NOTE

NOTE

國家圖書館出版品預行編目（CIP）資料

實戰冠軍E大教你用200張圖學會K線籌碼：本益比評價法＋E式技術面分析，
篩選獲利100%的成長股！／傅鈺國著. -- 新北市：大樂文化有限公司，2021.08
208面；17×23公分 --（Money；43）
ISBN　978-986-5564-33-9（平裝）

1. 股票投資　2. 投資技術　3. 投資分析

563.53　　　　　　　　　　　　　　　　　　　　110010577

Money043

實戰冠軍E大教你用200張圖學會K線籌碼
本益比評價法＋E式技術面分析，篩選獲利100%的成長股！

作　　者／傅鈺國
封面設計／蕭壽佳
內頁排版／江慧雯
責任編輯／林育如
主　　編／皮海屏
發行專員／呂妍蓁、鄭羽希
會計經理／陳碧蘭
發行經理／高世權、呂和儒
總編輯、總經理／蔡連壽
出 版 者／大樂文化有限公司（優渥誌）
　　　　　　地址：220新北市板橋區文化路一段268號18樓之一
　　　　　　電話：（02）2258-3656
　　　　　　傳真：（02）2258-3660
詢問購書相關資訊請洽：2258-3656
郵政劃撥帳號／50211045　戶名／大樂文化有限公司

香港發行／豐達出版發行有限公司
地址：香港柴灣永泰道 70 號柴灣工業城 2 期 1805 室
電話：852-2172 6513　傳真：852-2172 4355

法律顧問／第一國際法律事務所余淑杏律師
印刷／韋懋實業有限公司

出版日期／2021年8月9日
定價／320元（缺頁或損毀的書，請寄回更換）
ISBN　978-986-5564-33-9